ただしい人から、たのしい人へ

そして「ありがとうの人」になる

小林正観

廣済堂出版

はじめに

私はこれまでたくさんの人生相談にのってきて、多くの方がなかなか乗り越えられない3つの問題に行き当たりました。

ひとつ目は、周りに苦しんでいる人がいるとき、それを自分が解決してあげなければいけない、なんとかしてあげなければ、と思うことです。

2つ目は、自分はちゃんと生きているのに、周りの人はそのように生きていないではないか、自分はちゃんと働いているのに、周りの人は同じようには働いていないではないか、自分はいろいろなことをちゃんと守っているのに、周りの人は守っていないではないか、という怒り。

3つ目は、子どもをちゃんとしつけなければいけない、部下に対してちゃんと教え込まなければいけない、ということでイライラしている、あるいは自分がいろいろなものを背負っている、ということでした。

この3つに共通していることは「正しさ」ということではないでしょうか。

自分が「正しい生き方」をしているのに、周りの人が「正しくない生き方」をしている。「私」は「正しい生き方」をしており、「正しい生き方」を知っているのだから、周りの人をなんとかしなくてはいけない、なんとかすべきだ、と思うところにそれらの問題が生じているような気がします。

私は心の勉強をしていく中で、「どんなことに対しても腹を立てたり怒ったりせず、イライラしないことが自分にとって楽である」ということや、「周りの人に対して心穏やかに接することができる人を人格者といい、人格者になったときに自分がもっとも得をし、楽な生き方ができる」ということはわかってきました。

しかし、そういう人格者になった人でも、最後の最後まで残る「怒り」や「憎しみ」というものがあるようです。

怒りや悲しみが何から来るのかと突きつめて、出てきた答えが「正義感」と「使命感」でした。

正義と使命を自分の中に背負うのはいい。しかし、「正義感」と「使命感」というものになると、たちまち相手を糾弾《きゅうだん》し、憎むことになってしまうようです。

「私は心穏やかに暮らしたいのですが、子どもがちゃんとしていないので、怒らざるを得ないのです」と相談に来る人に、私は「そうやって怒ったり怒鳴ったりすることが楽しいのですか」と問います。

すると、「いいえ、楽しくはありません。でもちゃんと育てなければいけないですよね」と反論する人が少なくないのです。

「それが楽しいのですか?」

「いいえ、楽しくはありません」

「楽しくないのなら、やめればよいではありませんか」

というのが私の答えでした。

自分が正義や使命を背負っていて、それが「正義感」や「使命感」になったとき、人間はどうしてもそうでない相手を糾弾してしまいがちです。

しかし、基本的には「自分がどう生きるか」ということに尽きるのではないでしょうか。

周りの人が自分の思いどおりに（「私」の価値観に沿って）生きているかどうかということではなく、自分がいかに自分の価値観に正直に生きていくか、ということで十分なのではないかと思います。

心の勉強をしてきた人が最後の最後に陥っている怒りや憎しみが、「正義感」や「使命感」から出てくるものであるということを知っていただきたいために、その人たちのために、この本を書きました。

ある程度の心の勉強をしてきても、最後にどうしても行き着いてしまう関門が、この「正しさ」を追求する結果生じる「正しくない人」（自分の思うような生き方をしていない人）への怒りや憎しみであるような気がします。

「正しさ」という価値基準ではなく、それをやることが「楽しい」のかどうか、ということを物差しに置いてみてください。

もしかすると、今までにはない、楽しく、幸せで、心穏やかな時間が待っているかもしれません。

この本を刊行するにあたり、多くの方にご協力を頂きました。

特に今回は、これまでにたくさんの方々に質問されてきたことに答えるかたちで原稿をつくり上げました。質問をした方はこのように書かれたくはなかったかと思いますが、質問をしてくださったおかげで多くの答えを得ることができ、またそれがみなさんの参考になるかもしれません。そういう意味で、質問をしてくださった方々に、お礼を申し上げます。

小林正観

目次

ただしい人から、たのしい人へ
そして「ありがとうの人」になる

目次

目次

目次

第4章　流れに任せて生きる

目次

第1章

受け入れることがすべて

悩み・苦しみは、
目の前の現象を否定しているから、
生まれます。

30歳のとき、私は結婚しました。結婚後3年間は子どもができませんでしたが、33歳のとき、長女を授かりました。

その子は障害児でした。

生まれた後、別室に呼ばれて、私は医師からこのように宣告されることになります。

「この子は先天的な障害児です。手術によっても、薬によっても、リハビリによっても治ることはありません。この子は生まれなかったものと思ってください」

私は目の前が真っ白になりました。

「目の前が真っ暗になる」という表現はよく使われますが、実際に体験した者の立場で言うと、真っ暗になるのではなく、真っ白になるようです。

真っ白になった風景が徐々に薄れていき、目の前に再びその宣告をした医師が見えたときは、すべての風景がモノクロになっていました。白黒だけのグラデーションの世界です。

それから半年間、私は色のないモノクロの風景を見ることになりました。

いちばん困ったのは、天気がわからないことでした。

窓の外を眺めても、青い空なのか、曇りなのか、雨なのか、見ただけではわからないのです。季節感もなくなり、花の色、葉の色、木の肌の色、そして人の顔色などもまったくわかりません。


半年ほどたった1月16日は、新聞の休刊日でした。

当時は1月15日が成人式でした。成人の日の新聞に入ってきた分厚い付録の特別版は、たくさんのページがありました。

1月16日は休刊日でしたので、私は15日に届いたその膨大《ぼうだい》な付録を読んでいました。

その中の記事のひとつに、次のような文章がありました。

――新生児の600人に1人は、障害を持つ子どもが生まれる。あなた方も20歳になって、将来結婚をするだろうから、その生まれる子どもに障害児が生まれてくる可能性もある。そういうときの心構えを持っていたほうがよい。そういうこともあるのだ、ということを知っておきなさい――

というようなとても短いコラムでした。

このコラムを真剣に受けとめた人は少なかったと思います。

ただ、私にとっては、この小さなコラムが救いでした。

こう思ったのです。

「長女はうちに生まれてきてよかったね。６００人に１人、障害児として生まれてくるのであれば、長女はどこかの家を選んで必ず生まれなければならなかった。そのときに、小林家の両親を選んだというのは、ものすごくいい選択をしたと思う。私は障害がある子をいじめたり差別をしたりはしないし、私の妻も優しい人だ。だから長女はそういう両親を選んで生まれてきたんだね」と。

そう思った瞬間に、半年前に失っていた「色」が戻りました。風景に色がついたのです。一瞬の出来事でした。

半年間、私は苦しんでいました。悩んでいました。なぜなら、生まれた子どもを受け入れることができなかったからです。

しかし、目の前に乗り越えるべき大きな障害や障壁が立ちふさがっていると思っていたものが、実は幻であったということに、そのとき気がついたのでした。

障害や障壁だと思っていた大きなものは、私の認識だけの問題だったのです。

私が長女に向かって「よかったね」と思えた瞬間に、その問題は消滅していました。努力や苦労をして乗り越えたのではなく、乗り越えなければならないと思っていた障害や障壁が、その瞬間に消滅したのです。

生まれてからわずか半年の長女が、私に大きなことを教えてくれました。

悩み・苦しみというのは、実はその目の前の現象を否定し、受け入れないところから生じているのだということを。

私たちが目の前の現象について悩んだり、苦しんだりしているときは、それを受け入れていないということなのです。

それは目の前の現象を否定しているということにほかなりません。

3秒で問題を解決する方法

1秒目、過去のすべてを受け入れる。
2秒目、現在のすべてを受け入れる。
3秒目、未来のすべてを受け入れる。

どんな問題をも解決することができる「3秒の方法」があります。わずか3秒で悟ることができるのです。

その方法を読んだ瞬間に3秒で悟る人もいることでしょう。

同じことを何ヵ月も何年も、何百回も何千回も聞いてもなかなか悟れない人もいます。これは、早く悟る人が偉くて、遅く悟る人が偉くないと言っているわけではありません。それぞれに育ってきた環境や置かれた状況が違うのですから。

ただ、もっとも早く悟れる人は3秒で悟れる、ということを申し上げておきます。

3秒で悟る方法とは、

1秒目、過去のすべてを受け入れること。

2秒目、現在のすべてを受け入れること。

3秒目、未来のすべてを受け入れること。

これで終わりです。わずか3秒です。

悩み・苦しみというのは、自分が問題だと思う現象を受け入れられず、否定し、どうしてもそれを認めることができない、というところから発生しているようです。

私たちは、目の前に起きている現象を認めれば、楽に生きることができます。

「認めるべきだ」あるいは「受け入れるべきだ」という「べき論」を展開しているのではありません。

「悩んだり、苦しんだり、つらい状況にあるときは、その状況を否定しているのだ」ということに気がついたら、解決策が見えてくると言いたいのです。

それがわかったら、一度その現象を受け入れてみる。

否定してそれを受け入れないことが自分に悩み・苦しみを与えている、とわかったのですから、悩んだり苦しんだりしたくない人は、ただ目の前の状況を受け入れればいいというだけのことです。


目の前の状況が自分の思いどおりにならないとき、私たちは「努力しなさい、頑張りなさい、必死になりなさい」と教え込まれてきました。

私の親も私に対してそのように教えました。社会全体もそのような教え方をしてきたと思います。

しかし、その教えや解決方法では、すべての問題を解決することはできませんでした。

まず自分自身がその問題を受け入れることです。それができたら、その瞬間に悩み・苦しみは消滅するのです。

教育によって人は変わるのではなく、
喜んでいる人の姿、
楽しんでいる人の姿を見て
変わるのです。

我が家は先に紹介した長女のほかに1歳下の次女がいるので4人家族です。

長女が小学校2年か3年のときだったと思いますが、彼女はピーマンが嫌いで、ピーマンを食べることができませんでした。

長女に「ピーマンを食べるべきだ」とか「栄養があるからピーマンを食べなさい」と言っても、「やだ」と言ったり息を詰まらせて、自分では絶対に食べようとしません。

つまり、いくら命令したり、「べき論」で説得しても、まったく言うことを聞かなかったのです。


あるとき、夕食でピーマンが出てきました。

ふと、私は面白いことを思いつきました。

まず私がピーマンを箸でつまんで、「せーの」と言いながら、口に入れた瞬間に「パクッ」と言って食べたのです。

そしてニコニコしながら「おいしい」と言いました。

その瞬間に、私の妻も「では、ママも」と言って、「パクッ」と言ってニッコリ笑いながら「おいしい」と食べました。

次女も何か感ずるところがあったのでしょう。「じゃ、私も」と言って、同じように箸でピーマンをつまみ、「パクッ」と言って口に入れました。

家族４人のうち３人が同じことをしました。しかも楽しそうにやったのを見て、長女もおずおずとピーマンに箸をのばしたのです。そして、ちょっと頰を赤らめながら、「せーの」と言いました。

私たち３人も「せーの」と声をそろえ、長女が「パクッ」と言った瞬間に声をそろえて「パクッ」と言いました。

長女は口の中にピーマンを入れ、多分まずかったと思うのですが、みんながそうしたように自分もニッコリとしました。

その瞬間、私たちは箸を置き「すごーい！　ピーマンが食べられたね」と叫んだのです。

長女はみんなから褒《ほ》められたことがとても嬉しかったのでしょう、ピーマンを飲み込んで少し恥ずかしそうに、そして少し得意げな表情をしました。

私は「では、パパがもう一度」と再び箸を取り、「せーの」と言って「パクッ」と食べました。続いて妻も「では、ママももう一度」と言って「パクッ」と食べました。次女もまた同じようにしたので、長女も「じゃ、私も」と言いました。

そして今度は4人で声をそろえて「パクッ」と言って食べたのです。

「すごーい！」

また家族3人が長女に向かって拍手をしました。

これを何度か続けていると、そのうち褒められなくても長女はピーマンを食べるようになったのです。

このように長女とつき合いながら私が学んだことは、教育論、理想論、観念論を子どもに教え込むという方法論は役に立たない、意味がないということでした。

「こう生きるべきだ」とか「好き嫌いを言ってはいけない」とか「心を込めてつくってくださったものだから、残すのはいけないよ」というような精神論や教育論をいくら教え込んでも、子どもはそれで説得できません。

子どもに言うことを聞いてもらうためには、ただひたすら喜ぶこと。
そして、その子がそうしてくれたときに褒める。
この方法論しかないということに気がついたのです。

ただひたすら、子どもが楽しい気持ちになるように周りの人がしてあげること。
そうすると、子どもは楽しい方向に誘われるのだ、ということがわかったのです。

「これが正しい」、「こうするべき」という教育は、
親にとっては楽かもしれません。
でも、子どもはそれでは納得しないものです。

前項で長女の話をしましたが、長女が何かができたとき、私も妻も手をたたいて褒め、「すごい、すごい」、「素晴らしい」、「よくできたね」と笑顔で言って喜ばせていました。

そんなある日、食事のときに次女が下を向いたまま、ポツリとこう言いました。

「お姉ちゃんができたときは褒めてあげるのに、私が同じことができたときには、どうして褒めてくれないの？」

抗議をするというのでも、泣きわめいているのでもなく、まるで独り言のように私たちに向かってそう言ったのです。

私も妻も絶句し、顔を見合わせました。

数時間後、子どもたちが寝静まったあと、2人でこんな話をしました。

障害を持った長女は、たしかに褒めるとそのように方向づけされます。長女を導くにはその方法しかないので、私たちはそう接してきました。

けれども、次女は健常児です。ですから「できて当たり前」と、私たちは思っていたのです。ですから次女が何かできたときでも、長女のように褒めることも喜ぶこともしていませんでした。

しかし、そんな様子を何百回(もしかしたら何千回であったかもしれません)と目の前で見てきた次女は、つらかったのでしょう。

障害児だから褒めたら伸びるというのではなく、どんな子ども褒められると伸びるし、意欲が湧《わ》くんだ、という結論に達しました。そして、そのように接していこうということになりました。

以来、我が家には、長女を褒める。さらに次女も褒める。そしてできたら喜んであげる、という雰囲気ができあがったのです。

「これが正しいのだから」、「こうするべきなのだから」という話は、親の側からすると楽な教え方、楽なしつけ方かもしれません。

しかし、子どもはそういう「べき論」や理想論、あるいは親が考える価値観に対して、心から納得するということはないようです。

喜びをもって迎えられること、笑顔で迎えられること、笑顔で評価されること、そういうことを繰り返していくと、子どもは「そういう状況に取り囲まれたい」、「親の笑顔や賞賛に迎えられたい」という方向づけがされるらしい、ということもわかりました。

障害児である長女が我が家に来てくれたおかげで、私は「正しいこと」を教え込むのではなく、「楽しいこと」を教えることで、はじめて人間は方向づけされ、やる気が出てくるのだ、ということを学びました。

私は我が子から本当に大事なことを教えてもらったのです。

争いや憎しみの根源になっているのは
「正義感」です。

あるところで講演会が終わり、その後2次会がありました。私の講演会にはほとんど2次会があるのですが、そのときも20人ほどの方が2次会に参加しました。

その中の一人が、私にこんなことを言いました。

「どんなことがあっても腹を立てない、怒らない、イライラしない、声を荒らげない、ということには私も賛成です。そういう人格者になりたいとも思います。でも私は環境問題を20年勉強してきて、どうしても許せない人たちがいます」

「ほう、どうしても許せないというのは、どういう人ですか？」

と私は興味を持って尋《たず》ねました。

その人はこう言いました。

「戦争を起こす人です。戦争を起こす人を嫌い、憎み、その人たちに対して怒りの心を持つのは正当だと思います」

私は周りの人に声をかけました。

「みなさん、ちょっと私たちの話を聞いてくれませんか。今、この方がとてもいい質問をしてくれました。それに対しての私の答えを言うのですが、みなさんにも聞いていただきたいのです」

そうお願いすると場は静まり、私はこう続けました。

「私の考えを言います。その戦争を起こす人への『憎しみ』こそが、戦争を起こすのではありませんか？　戦争を起こしている人は、自分たちが間違っているなんて、これっぽちも思わないのではありませんか。自分たちの正義を貫くために戦争を起こしているのではないでしょうか。戦争を起こす人は、すべて自分が正しいと思って起こしているのだと思いますよ。もし、あなたが総理大臣や大統領で軍を動かす力を持っていたとしたら、その怒りと憎しみで戦争を起こしているのではないでしょうか。あなたはきっと、軍に出動を命じてしまうのでしょう」

質問をされた方はとても聡明な方だったと思うので、私の言ったことでいろんなことを悟ったと思います。

これは、私の言ったことが正しかったとか間違っていたとか、そういうことを言っているのではありません。

戦いや争いの根源になっているもの、憎しみの根源になっているものは「正義」という概念ではないか、ということを言いたかったのです。

敵意や憎しみの根源には、実は「正義感」や「使命感」というものが、とても大きくかかわっているようです。

罪を憎むのではなく、
自分の心にある憎しみを取り去る。
それが神さまの喜ぶことです。

これまでに私は、世の中に「幸」や「不幸」という現象はないのではないかと言い続けてきました。

すべての人がこれを「幸せだ」と言える現象・出来事が存在するのではなく、自分が「幸せだ」と思った瞬間に、その人に「幸せ」が生じるのだ。

「幸せ」は存在するものではなく、「感じるもの」である。

そのような私の考えに対して、次のような質問をした人が少なくありませんでした。

「先日、こんな悲惨な出来事が起きましたよね。そういう出来事さえも不幸ではないのですか？」

私はこう答えました。

「『悲惨な出来事』と言った瞬間に、すでにその出来事に対するあなたの評価が入っていますよね」

つまり、「悲惨な」と言った瞬間、その出来事を許せない、受け入れることができないということを前提に質問しているように思えたのです。

私はもともと学生時代から唯物論なので、神や仏を前提としてものは考えていません。しかし、三十数年の研究結果として、神も仏も、守護霊も精霊《せいれい》も存在するのではないかと思うようになりました。

そして、世の中に起きているどのようなことも、すべて神の承諾のないことは起きない、という結論に到達しました。

どんなに「悲惨な出来事」も「不幸な出来事」も、すべて神の承諾のもとで起きているのではないか、と思うようになったのです。

いろいろな現象を何十、何百と見つめてきた結果、この世に神というものが存在する、というのが今の私の結論です。

神が私たちに求めているのは、その現象について、悲惨であるとか不幸であるというような評価・論評をすることではないように思えます。

神が私たちに求めているもの、宇宙が私たちに求めているものは、多分、次のようなことなのです。

一般的に「ひどい」とか「悲惨だ」と言われる事件が起きて、1億人の人がニュースで知ったとします。

そして、人々がその犯人について「ひどい奴だ。許せない。報復をしても構わないんだ」と言って、敵意と憎しみの塊《かたまり》になったとします。

そのときに、上空から見下ろしていて喜ぶのは誰でしょうか。

悪魔という存在でしょう。

悪魔は、人々が仲良しで、お互いに笑顔で隣り合った人を助け、温かい空気の中でともに生きていくということを大変嫌います。敵意と憎しみのあるところにだけ悪魔は住むことができるからです。

ですから、悪魔は、多くの人々に敵意や憎しみの感情が芽生えるようにいつも願っています。

一方、神さまという存在はどうでしょう。

人々が悲惨な事件の犯人のことを憎んでいるとき、神さまは大変悲しい思いをしていると思います。

もし、1億人の人がその事件を見聞きしたとき、こういうことがあってはならない、あってほしくないと思うのであれば、まず自分の心の中から敵意や憎しみを取り去ることだ、と考えられたら、その出来事が起きたことに意味があったと言えます。

そして、「私のメッセージが理解されて嬉しい」と、神さまはニッコリ微笑むのかもしれません。

「悲惨な出来事」や「不幸な出来事」を見聞きしたとき、認めることができない、許すことができないと思うのであれば、社会や周りの人に対して同じように敵意や憎しみを持っている「私自身」の心を憎むべきなのではないでしょうか。

自分の中にある敵意や憎しみ、怒り、イライラというものの延長線上に、いろいろな社会上の犯罪や、一般的に悲惨で不幸だと言われる事件があるということを考えれば、まず「私自身」の怒りや憎しみをなくしてしまうこと、ということになるように思います。

それを、もしかすると「罪を憎んで人を憎まず」という言葉で表現してきたのかもしれません。

罪を憎むのであれば、同じところに自分がいることを考え、自分の中で人や社会に対して敵意や憎しみを持つことをやめよう、ということです。

罪を犯した人を恨んだり憎んだりするのではなく、敵意や憎しみの心こそがこういう出来事を起こしているのではないかと思い至ったときに、その根源になっているものは「私」の敵意や憎しみでもあり、「私」もいつそういう立場になるかもしれないと考えることです。

そしてまず、自分自身の心の中から敵意や憎しみを取り去ればいいのです。

もっとも望ましいのは、敵意や憎しみを感じなくなるような「私」をつくり上げることなのではないでしょうか。

正しい経営は、仕事の本質が見えません。
楽しい経営は、喜びにあふれています。

ある町に招かれて講演をすることがありました。

講演が終わり、その日に泊まる宿は講演会を主催された方が経営している宿でした。宿でその経営者とお話をすることになり、その方はこう言いました。

「10年前はこの観光地にはお客さんが2倍来ていました。そのときはこの宿にも今の2倍のお客が入っていたのです。でも今は10年前に比べて、観光地を訪れる人が半分になり、宿泊客も10年前の半分になってしまいました。観光地に人が来なければ宿にも宿泊客が来ないので、観光地のＰＲを観光協会や商工会などからお金を出してもらってやろうと思っているのです」

そこで、「それ以外にお客を増やす方法があるようだったら、教えてほしい」と頼まれました。

私は笑いながら言いました。

「10年前は観光客の数が2倍だったのですね。そのときは今の2倍のお客さんが来ていたのですね。そして今は観光客が半分になり、宿泊客も半分になったのですね」

「そうです」

「では、経営者は小学生でも中学生でもいいではありませんか。経営者として何もやってこなかったということになりませんか」

この話を聞いて、それまでたくさん話していたその方は突然黙ってしまいました。

私は笑顔でそのまま話を続けました。

「この観光地に2倍の人が来ていたときには、この宿にも2倍の宿泊客が泊まっていて、人が来なくなったらそれに応じて宿にも人が来なくなったというのでは、宿そのものの魅力や価値がどこにもないということになりませんか。どうしたらこの宿に人が来るか、どうしたら売り上げが上がるか、どうしたら利益が確保できるかと考えているうちは、その答えは出ないと思います」

私はそう言いました。

なぜなら、質問が間違っているからです。

「どうしたら、お客さんに喜んでもらえるか」

これを考えていくことが必要だと思います。

そして、それを考えることこそが、経営者としていちばん楽しいことだと思います。「正しい経営」を志しているうちは、コストや売り上げ、伸び率、人件費率や償却比率、あるいは借金返済の計画などについてどうするかを考え、そして「正しい計画」を立てる、ということが大切だと思うかもしれません。

しかし、「正しい経営」を考えているうちは、本質的なものが見えてこないような気がします。

本質的なものとは、「いかにお客さんに喜んでもらえるか」ということです。

そして、経営者はそのことを考えているときが、もっとも楽しい時間ではないでしょうか。

それにもかかわらず、「どのように正しく経営するか」「どのように利益を確保するか」「いかに売り上げを上げるか」と考えていると、そのいちばん楽しい時間は得られないのです。

「楽しい経営とは、どうしたらお客さんに喜んでもらえるかを考えることです。このいちばん楽しい部分を放棄するのは、もったいないの一語に尽きます」

と、私はその宿の経営者に申し上げました。

その方はみるみる目を輝かせてこう言いました。

「この宿の経営を親から任されて以来、そんなことを考えたことは一度もありませんでした。常にコストや売り上げの問題を考えてきました。経営が楽しいと思ったことは一度もありません。でも今の話を聞いて、ものすごく気持ちが楽になり、楽しくなりました。そんな楽しいことを経営者としてずっと放棄してきた、そんな楽しいことを自分で考えなかったなんて、とても悔しく思います。でもこれからこのいちばん楽しい部分を一生懸命やっていこうと思います」

と笑顔でおっしゃいました。

後日、この経営者にお会いしたとき、「毎日が楽しいです。悩みや苦しみがなくなりました」と言っていました。そしてお客さまにとても喜ばれる宿になったそうです。

この経営者はとても聡明な方でした。私の言ったことの本質的な意味を理解されたからです。

「正しい経営」を考えているうちは、閉ざされた状況から抜け出すことはなかなかできないと思います。

どうしたら楽しい日々を送ることができるか。そこから物ごとが解決できるのではないでしょうか。

第2章

楽しい人は、周りを幸せに変えていく

勇気ある一人の〝ドンキホーテ〟が、
周りをどんどん豊かにしていきます。

あるとき、地域の商店街の人たちから意見を求められることがありました。

その商店街には200軒くらいの店があるそうですが、お客さんが来なくなり、ほとんどの店が午後7時には閉めてしまうと言います。7時を過ぎると、商店街はまるでゴーストタウンのように暗くなり、そこを通るのが怖いくらいだそうです。最近では昼間も閉めている店が増えはじめているということでした。

私はその話を聞いて、彼らにある提案をしてみました。それはたとえば、商店街の営業を8時や9時まで延ばせばいい、というような話ではありません。

「ドンキホーテが出てくるといいですね」

と私は言いました。

ドンキホーテとは、小説に出てくる「ドンキホーテ」のことで、自分が好きなように好きなことを勝手にやっていく人のことです。

このドンキホーテが商店街に現れて〝一人勝ち〟してくれればいい、というのが私の提案です。

これまでに成果があった町おこしや村おこしには共通点があって、次の3つの条件のうち1つ以上が当てはまっている、ということです。

1. その町や村で育った人が、大学生や社会人になり都会に出て、再び町や村に戻って何かをはじめた。

2. 都会に住んでいた人が、そこでの仕事を辞め、その町や村に移り住んで何かをはじめた。

3. その町や村を出たことはないが、町や村の外に多くの友人、知人を持っている。

この条件に当てはまる人が、たとえば宿をはじめたり、民芸品店をはじめたり、喫茶店をはじめるなどして、それが町おこし、村おこしの成功のきっかけになっているのです。

町（村）ではない外の世界と交流を持っている人、外の世界を知っている人が何か

をはじめるということが、成果が出た町おこし、村おこしの共通点でした。

しかも、その人たちは、最初はみんなで協調し合い足並みをそろえてやるという方法はとらなかったのです。

周りの人と協議をして共同歩調をとってやっていこうとしていたら、おそらく何も打開できず、新しい動きは生まれなかったでしょう。

町おこし、村おこしが成功するには、必ず核になる「ドンキホーテ」のような変わり者がいたのです。バカになる、バカになりきれる人が、成功するためには必要なのです。

そして、その人たちは、結果的に一人勝ちをしていきました。

その町や村で一人勝ちをしていく人の存在が、実に重要なことなのです。

共同歩調をもって、みんなで同じスタートを切ろうとすることはなかなか難しいからです。

おそらく、「ドンキホーテ」は最初は町や村の人から「なにバカなことをやっているんだ。あんなことをやっても食べていけるわけはないのに、くだらないことをやって」と言われたに違いありません。

でもそういう白い目、批判的な目、軽蔑的な目をものともせず、「ドンキホーテ」はニコニコとそれを継続し、それが注目されるようになり、外の人々との交流が盛んになり、その派生として周りに店ができたり宿ができたりする、ということが起きたのです。

一人勝ちをした場合、町や村の人たちから妬《ねた》まれ、嫉妬されるという話をよく聞きますが、それは、一人勝ちをして得た潤いや富を、自分だけで貯め込んでしまった結果として、批判をされたのだと思います。

ですから、一人勝ちした「ドンキホーテ」はその利益を自分だけで貯め込まずに、周りの人たちのために使うことです。

そのように儲けた分を地域の経済に還元していったならば、その人は周りの人から「もっと潤っていてほしい」と思われるようになります。

実際、そのようにやっている人は、「この人には裕福でいてほしい」「この人の事業がずっと順調であってほしい」という周りの人の想念に乗って、さらに楽しく仕事を続けることができるわけです。

このように「地域の現状が停滞しているではないか」とか「全然生き生きとしていないではないか」と批判することは簡単ですが、批判をするよりもまず自分が「ドンキホーテ」になり、率先してやっていくことです。

そして、自分の考え方で一人勝ちをしてもいい。一人勝ちをしたときは、決して驕《おご》り高ぶらず、周りの人も潤うように富や喜びを分け与えていけばいいのです。

そういうことをし続けていれば、その地域は活性化し、その「ドンキホーテ」も、みんなと明るく楽しくやっていくことができるのです。

投げかけたものが返ってくる。
投げかけないものは返らない。
愛すれば愛される。
愛さなければ愛されない。

ある年の元旦に私は８００枚ほどの年賀状をいただきました。その中に数枚、これはちょっと二度は読みたくないと思うものがありました。

それは「不況」「暗い」「先行き不透明」「閉塞《へいそく》状況」「リストラ」「高い失業率」「暗い出来事」「イヤな出来事」……という言葉が文章のあちこちにちりばめられ、数行にわたって同じようなことが書かれていました。

「世の中は暗く、悲惨な出来事や暗い出来事ばかりが起きる時代である。そんな時代でもなんとかしなければならない。どうしたらこの暗い状況を打ち破ることができるか模索中であり、頑張りたい」というような文章です。

この年賀状をくださった方と会っても、あまり楽しい会話にはなりそうにない。その人と話していても出てくる言葉は、「閉塞状況」や「悲惨な出来事ばかりの世の中」や「いったいこの世の中、どうなってしまうんでしょうか」というような話に終始すると思うからです。

誰もが新年を明るく迎えたいという年の初めから、そんな気持ちが滅入るようなことを言う人とは、その後も話をしたいとは思わなくなってしまうかもしれません。

宇宙の原理・原則として、「投げかけたものが返ってくる。投げかけないものは返らない」というのがあります。

「愛すれば愛される。愛さなければ愛されない」

「嫌えば嫌われる。嫌わなければ嫌われない」

明るい一年のはじめの手紙（メッセージ）でありながら暗い年賀状を出す人は、そういう投げかけをした結果として、その人のそばには明るい心を持った人が寄って来なくなってしまうのです。

そして、その暗い年賀状を何百枚も友人に送りつけた人は、その年、「なぜか明るい人が寄って来ないな。集まってくる人は暗い人ばかりだ」と思うのではないでしょうか。

当然、そうやって暗い言葉で時代分析をしている人同士で集まり、「そうだ、やっぱり暗いな」と毎日を嘆くような話ばかりをすることになります。

一方で、「世の中は自分の取り方次第。決して暗いわけではなく、自分が暗いと思えば暗いのだし、明るいと思えば明るいということ。楽しいと思えば楽しいんだ」と思っている人たちは、同じように思っている人たちで集まり、楽しい話で盛り上がることになるのです。


私たちはよく「陰と陽」、「光と闇」というような言葉を使います。

しかし、よく考えてみると、「光」と「闇」とが50対50の同じ力を持っているのではないことに気づきます。

「光」と「闇」は等分に力を持っているのではなく、１００対０なのです。

「光」が１００で、「闇」は０。

「闇」は「光」に対抗する力をまったく持っていません。「光」がなくなったときだけ「闇」は存在できるのです。

「闇」には独立した力があるわけではない、ということを、ぜひ知ってほしいと思います。

人生を歩んでいくとき、そこが「闇」だったとしても、自分自身が「光」となれば、そこは光るのです。

もし、私たちがいつも「嬉しい」「楽しい」「幸せ」「愛してる」「大好き」「ありがとう」という言葉を言い、笑顔と優しさにあふれていたら、歩む道すべてが光に満ちあふれることになるのです。

こんな言葉を思いついたので、書き添えておきます。

世の中を暗い暗いと嘆くより
自ら光って　世の中照らそう

「正しいこと」を人に押しつけても、
人は耳を傾けません。
「楽しいこと」を話せばいいのです。

年に1度、「小林正観と行く海外旅行」というのを企画しています。その海外旅行で、先日こんなガイドさんと出会いました。年齢は60歳くらいでしょうか。開口いちばんこうおっしゃるのです。

「私は日本で学校の教師をしていました。みなさんに対して、ちょっと説教がましいことも言うかと思いますが、それが私の特色です」

私はその次にどんな話が出てくるのかと関心を持って耳をすましました。

そのガイドさんは、続けてこのような話をしました。

「日本はどんどん自然が失われていき、自分が住んでいる住宅地にまで開発の波が押し寄せてきてね。それで住みづらくなって、私は海外に飛び出しました。この国の首都はいくつかいいところもあるけれど、いろいろな気に入らないところもあります。それでときどき、田舎に行ってみますけど、田舎も田舎なりに、やはり気に入らないところがあれこれとあります。結局、なかなか思うような所には行き着きません。何年かに1度は日本にも帰りますけど、その度に日本はどんどんひどい状態になっていくので居心地が悪くてね。やっぱりこの国に帰って来るんですよ」

つまり、理想郷を求めて世界各地を旅し、実際に移住し、そこで結婚して子どもを産み、生活をしてきた人なのです。

この話を聞いていて、いちばん前に座っていた私は、そのガイドさんに言いました。

「ちょっとマイクを切っていただけますか」

そして、2人きりでこう言いました。

「私たちは、世の中に起きる現象は中立である、ということを勉強しているグループです。現象について批判を加えるのではなく、それが実は喜びや幸せであるというとらえ方もでき、さらにその現象について手を合わせて『ありがとう』と言うこともできるという見方を勉強しています。ですから、あれが気に入らないとか、これが気に入らないとかいう話や、世界中に理想郷を求めたけれど、どこにもないなんて話は、聞いていて楽しくはないし、心地よくありません」

そして、こう続けました。

「あなたの『これが好きだ』『これが嫌いだ』という話は聞く必要がありません。そのようなことはどうでもよいから、ガイドに徹してください。この国の、たとえば気候や風土、農産物のことや交通や仕事のことなど、そういう情報を私たちは聞きたいのです」

そうお願いしたところ、その方はハッと大事なことを悟られたようで、その後は情報を伝えるガイドに徹し、みんなも楽しい時間だったそうです。

このガイドさんの存在は、その後の私の講演にも大変大きな影響を与えました。

私自身、人前で話すことが多いわけですが、そのときに、「自分はこれが好きだ」とか「これが嫌いだ」という話をしたり、「こういうふうに生きるべきだ」というような意見を人に押しつけるのではなく、情報を話すことに徹しよう、と改めて決意することができたからです。

みなさんは、私の持っている情報を聞きに来ているということが、はっきり認識できたからです。

人前で話すことがあまり得意でない人にも、そういう状況をうまく乗り切るコツをお教えしましょう。

それは、自分が思っていることを他人に押しつけるのではなく、自分の持っている「情報」を話せばよい、ということです。

聞いている人たちは、その人の「好きだ」とか「嫌いだ」、「こうするべきだ」、「こう生きるべきだ」という押しつけがましい話を聞きたいわけではありません。

農業について詳しい人ならば、たとえば「野菜は『ありがとう』という言葉をかけると、とてもよく育つんですよ」とか、陶芸をやっている人であれば、「10年もやっていると、粘土をこねながら明日の天気の予想がつくんですよ」というような話をしてもらいたいのです。

自分が持っている情報を話せば、聞いてくださる方たちは、耳を傾けてくれます。

ですから、何を話そうかと悩むことはなくなるでしょう。

ガイドさんの話に戻ります。

そのガイドさんが話した分析や感想は「正しい」ものであったかもしれません。しかし、人によっては、そのような話は聞きたくないものなのです。

「正しい」かどうかではなく、聞いている人たちが「楽しい」かどうか。そして「あれが気に入らない」「これが気に入らない」と言っている自分は楽しいかどうか。

そこを基本に考えていけば、何を話せばいいのかが鮮明になってくるのではないでしょうか。

親が怒鳴っている限り、
子どものけんかはなくなりません。
親がどういう問題解決をしているか？
子どもはそれを真似ているのです。

あるお母さんからこんな質問をされました。

「私には中学1年生と小学5年生の息子がいるのですが、この2人は幼い頃からずっとけんかばかりで、毎日取っ組み合いをしています。それを制するために、私は大声を出したり怒鳴ったりしてしまいます。イライラしないこと、怒らないこと、大声を出さないことを理想とし、自分もそうなりたいと思いますが、実際にはそれが可能ではないような日々です。そういう場合はどうすればよいのですか」

私はそのお母さんに、質問しました。

「子どもがけんかをはじめると、必ず怒鳴って大声を出して、2人の子どもを制するということをずっとやってきたのですね」

「そうです」

「では、自分の目の前に解決すべき問題があったとき、怒鳴り、声を荒らげて、強い力で相手を自分の意のままにするという解決方法を、ずっと子どもに教え込んできたわけですね」

そのお母さんはハッとした顔をしました。

実は、子どもが問題解決する方法は、親が身をもって示してきた手本のとおりなのです。

「目の前に気に入らないことがあったり、気に入らない人がいれば、自分の思いのままに支配するために怒鳴れ、怒れ、大きな声を出せ」ということを、親自らが子どもに示してきたわけです。

それを子どもは単に学び、真似をしているにすぎません。

そのやり方を続けている間は、決して子どものけんかはなくならないだろうと私は思うのです。

親はよく、子どもにこんなことを言うのではないでしょうか。

「饅頭《まんじゅう》を食べながら横になってテレビを見ていると、ブタになるよ。だからそんなことをしてはいけない」と。

そう言いながら、本人は饅頭を食べながら横になってテレビを見ているのです。その結果ブタになってしまったお母さんを、子どもはずっと見ています。
「ブタになるからやめなさい」といくら言ったところで、本人がそれをしているのですから、子どもがやめるわけがありません。

子どもには、言葉で説得することはできません。

自らが手本になり、自分の生きざまを背中で見せることでしか、子どもを説得できる方法はないのではないでしょうか。

こう話をしましたら、そのお母さんが言いました。
「よくわかりました、しかし今、目の前で兄弟げんかをしている子どもたちに対しては、どうすればいいのでしょうか」

「ちょっとお金がかかり、副作用もありますが、こんなやり方を提案します」
私が提案したのは、このような方法です。
プリンを3つ買ってきて、冷蔵庫に入れておきます。そして、けんかがはじまったらこう言うのです。

「プリンを買ってきたんだけど、みんなで一緒に食べない?」

当然、子どもたちから答えは返ってこないでしょう。でも、そのままお母さんは笑顔で淡々と2人に話します。

「10分待つけれど、お母さんの分を食べ終わっても2人がまだけんかをやめなければ、2人のプリンも食べてしまうよ」

そして、10分たっても2人が食卓につかなければ、言ったとおりに2人の分もお母さんが食べてしまうのです。

翌日はケーキを3つ買ってきます。その翌日は杏仁《あんにん》豆腐を、その翌日はフルーツポンチを、次はババロアを……。つまり子どもにとって魅力的でおいしそうなものを目の前に出しながら、母親が食べ続けるわけです。

少し太るという副作用があるかもしれません。お金も少しかかるかもしれません。

しかし、問題の解決には、このように笑顔による解決の仕方があるのだということを教えるために、お母さんは少し体を〝犠牲〟にしてください。

何日かそれを続けていると、けんかをしている兄弟は、きっと横目でちらちらと見るようになるでしょう。

そして、ついに「10分以内にけんかをやめなければ、私が食べちゃうよ」と言って、お母さんが子どもの分に手を出した途端、兄弟のどちらかが飛んできて自分の分を食べるようになるかもしれません。

つまり、けんかをするよりも、おいしいものを食べたほうがいいでしょう？　という方向に導くわけです。

怒鳴って強権的・強圧的に問題を解決するのではなく、笑顔で楽しい方向に導いて解決するという方法論を示してみるのです。

怒鳴ったり怒ったりするのが正しい躾《しつけ》や教育だと思っている限りは、何も解決はしません。〝楽しい〟方向でのみ問題が解決できるような気がします。

問題解決の近道は、
周りを変えるのではなく、
自分が変わることです。

夏の暑さを解決する方法が2つあります。

ひとつは、クーラーを買ってきてそれを作動させること。35度の室温が30度、あるいは28度に下がることによって「涼しい」と感じます。これは西洋文明的解決方法です。

もうひとつの方法は、窓を開け放し風鈴を下げて、風鈴のチリンチリ〜ンと鳴る音を聞いて、「ああ、涼しい」と思うこと。気温は1度も下がっていませんが、「涼しい」と思ったら問題が解決しています。これは東洋的な解決方法と言っていいかもしれません。

つまり、自分の周りの環境を変えるということと、自分自身が問題を感じないようになるということで、世の中にはこの2つの解決方法があると思います。

あるとき、私の話を4〜5年聞いてくださっている方がこんな相談に来られました。

「私はこの2年の間に職場を3回変わりました。今の職場も、上司の言葉や性格が荒く、部下に対してひどいことを言ったり、酒に酔った勢いで同僚に罵声《ばせい》を浴びせかけたりします。そういうことを見ていると、今の職場も辞めたいと思うのです。ただ、辞めてしまうと、2年間に4回も職場を変えることになってしまいます。どうしたらいいでしょうか」

というでことでした。

私は次のような話をしました。

人間関係の問題を解決する方法は2つあります。

ひとつは、自分の周りの500人をすべて人格者に変えてしまうことです。

ただ、この方法だと1人を変えるのに、説得に次ぐ説得を重ねて2年くらいはかかるでしょう。500人を変えるためには1000年かかる勘定になり、事実上これは不可能といえます。

もうひとつの方法は、自分自身が人格者になってしまうことです。

どちらの方法も、結果的には穏やかで、にこやかな温かい日々を得られるとは思いますが、人を変えるということは大変なことです。なかなか人は変わってはくれません。

しかも自分の思いどおりにとなると、なおさら難しいでしょう。それをまず理解する必要があります。

周りの人を変えるよりも、「私」が変わるほうがずっと簡単なのです。なぜなら、変えるべき相手が自分1人だけだからです。さらに、変えるべき相手が自分ですから、自分が変わりたいように変わればいいからです。

イライラしたくない、腹を立てたくない、人と争いごとをしたくない、何かを言われてもいちいち気にするような自分ではありたくない、と思うのであれば、自分が希望するように、自分をつくり上げればいいわけです。

他人をつくり変えるのは大変なことですが、自分をつくり変えるのは簡単です。なぜならば、その人格でいることが自分にとっていちばん心地よいのですから。

自分にとってもっとも居心地がいい心をつくり上げる。これを一言で言うと、「自分にとって楽しいと思える人格をつくる」ことです。つまり人格者になってしまうことです。

「私」が人格者になるということは、誰に何を言われても、目の前にどんな現象や出来事が起きても、それについて怒らない、腹を立てない、怒鳴らない、イライラしない、声を荒らげない、ということにほかなりません。

その結果、周りの人も穏やかな日々を過ごすことができて、得をするでしょう。でもそれはあくまでも二次的な効果です。

自分が人格者になることによっていちばん得をするのは、ほかならぬ自分なのです。

ですから、損得勘定で考えてみても、もっとも楽で楽しく、最短距離で人間関係の問題を解決する方法は、「自分が人格者になる」ということなのです。

あなたの周りに荒々しい人がいるならば、
その人は、あなたの
〝先生役〟をしてくださっています。

前項で私は2つの解決法を説明しましたが、その後、その方は続けて質問されました。

「小林さんのお話は97％は理解ができました。しかし、あと3％だけ、どうしても理解ができません」

その3％とは、こういうものでした。

「たしかに、自分が人格者になることで、問題は解決するということはわかりました。でも、小林さんの周りには、穏やかで温かく、素敵な人がたくさんいるのに対し、私は行く先々で、性格も言葉も荒い人たちばかりに会います。これは明らかに神によって差別をされているとしか思えません。自分を取り巻いている人間と、正観さんを取り巻いている人間関係が明らかに違うことに納得ができません。それが3％の納得できないことです」

私はそれに対してこう答えました。

私の場合は、もう「訓練終わり、修行終わり」とシナリオに書いたのです。あなたの場合は、「訓練中、修行中」とまだシナリオで書き続けているので、訓練や修行をさせてくださる先生が、あなたの周りを取り囲んでいるのでしょう。

周りにいる人は、あなたの先生をやってくださっているのです。

ですから、自分で人間関係が大変だと思うのなら、「訓練終わり、修行終わり」と看板に書いてしまえばいいのです。

先生は「訓練終わり、修行終わり」と書いてしまった人を教える必要がないので、もうあなたのところへは集まってこないでしょう。

この方は納得した様子で言いました。

「よくわかりました。自分が『訓練中、修行中』であるから、たくさんの先生が集まってくれていたのですね。好意や善意で集まってくれていたのですね。できればなるべく早く『訓練中、修行中』の看板を下ろしたいと思います」

「『訓練中、修行中』の看板を下ろしてしまうと、すごく楽です。ただ、看板を下ろしたあとは、怒ったり怒鳴ったり、イライラしてはいけませんよ。もう訓練も修行も終わったのですからね」

そう私は言いました。

私は決して世のため人のため、周りの人のために「あなたは人格者になるべきだ」と精神論や観念論として言っているわけではありません。

周りの現象や出来事にいちいち過剰反応をせず、いつも同じ笑顔と穏やかさで、ニコニコしながらすべての現象をとらえられるということが、自分にとっていちばん楽で得をするのだから、そうすればいいのではありませんか、ということを提案しているのです。そのためにも、「訓練中、修行中」の看板を下ろしてしまえばいいのです。

目の前のことを問題だと思うから
問題になります。
「で、何が問題なんですか？」
そう思えたら、問題はなくなるのです。

目の前に解決すべき問題があったとき、私たちには3次元的に次のような方法を採《と》ります。

1. 相手を説得し屈服させて、その問題を解決する
2. その現象から逃避をする
3. 我慢し、忍耐し続ける

「1」は、相手を自分の思いどおりにさせるために、一生懸命説得し、相手を屈服させるという方法です。たしかに問題は解決できますが、敵をつくることになってしまいます。

「2」は、たとえば、この上司（社長）の下ではとてもやっていけないと思い、会社を辞めることにする。あるいはこの夫（妻）とはもう一緒にやっていけないから離婚をするなど、その場から離れるという方法です。

「3」は、現実的には「1」や「2」のように解決することが難しいので、ただひた

すら歯をくいしばって我慢し、忍耐し続けるという方法です。

実際には、おそらく「3」の方法を採る人が多いことでしょう。


実は、4次元には4つ目の解決方法があります。

その方法とは「気にしない」ことです。これを英語で言うと、I don't mind. つまり、「ドンマイ、ドンマイ」というものです。

そして、5次元には5つ目の解決方法があります。次元が違う神のような解決策です。


それは、「気にならない」という解決方法です。

この「気にならない」という言葉を英語に直すと、There is no problem. つまり、「で、何が問題なんですか」ということになります。


つまり、問題を問題として認識しないということです。

問題を問題として「認識」しているから、3次元的に3つの解決方法を選ばざるを得ません。

問題を問題として「認識」しているから、４次元的な４つ目の「心穏やかな解決方法」を模索するわけです。

ところが、５次元に存在する５つ目の解決方法というのは、「問題を問題として認識しない」ということです。

「なんておまえはバカなんだ」と言われたときに、「そうなんです。私は本当にバカなんです。ずいぶん長いこと隠していたんですけど、ついにわかってしまいましたか」と言ってニッコリ笑えることが、５次元的な解決方法です。

しかし、これは問題を解決しようとするのではなく、もともと問題として認識していない、ということなのです。

解決をするための問題が、最初から生じないような考え方や生き方をする、ということにほかなりません。

30年ほど前に結婚したという60歳くらいの方の話です。

その方は私のこの話をはじめて聞いたときに、大変なショックを受けたのだとか。

というのは、結婚以来30年間、その方は奥さんから「あなたバカじゃないの」と言われ続けてきたらしいのです。

それに対して「生意気を言うな」とか「俺はバカじゃない」と言って反発をし、夫婦げんかを30年間やり続けてきた、ということでした。

私の話を聞き、「あなたバカじゃないの」と言われて、「そうなんだよ、俺、バカだったんだよ」と言えたらどんなに楽だろう、とその方は思ったのだそうです。

その後3ヵ月間そう思い続け、いつかそう言えないものだろうかと思っていたところ、ついに、「あなたバカじゃないの」と奥さんに言われたときに、その方は「そうなんだよ、俺、バカだったんだよ。実はずっと昔からバカだったんだよ」と言ったのだそうです。

30年間、いつも同じ言葉で夫婦げんかがはじまっていたのですが、そのとき奥さんは、1、2分口をパクパクさせていたそうですが、ついに何も言わないまま部屋を出ていってしまいました。

それが「3日前のこと」だそうで、「自分がバカだというのを認めたら、こんなに楽な日々が得られた。早く認めればよかった」とおっしゃっていました。

ここ3日間は一度もけんかをしていないそうで、結婚以来30年、こんな平穏な3日間ははじめてなのだそうです。

第3章

奇跡を起こす「ありがとう」

「嬉しい」「楽しい」「幸せ」「大好き」

「愛してる」「ありがとう」

と言っていると、

「そんなに楽しくて幸せなら、
もっと長生きをしましょう」

と体が反応するようです。

たくさんの方から人生相談を受けてきて、「体の不調には性格上の共通項があるようだ」と思うようになりました。

つまり、病気になる理由として食べ物や毒物、病原菌、ウイルス、過労などのほかに、精神的なものも挙げられそうだということです。

「こうしよう」「こうしたい」「こうでなければならない」という思いが強いとき、そうならない場合、人はストレスを感じるようになります。

ストレスがたまると、疲れが生じます。疲れは体の凝《こ》りや張り、痛みとなり、それらは何らかの病気を生みます。そしてそれが進めばいずれ死に至ることもあります。

つまり、「ストレス→疲れ→凝り・張り・痛み→病気→死」という5つの段階をたどるわけです。

5つの段階の最初にあるストレスは、なぜ生まれるのでしょう。

それは、「これを実現したい」「こうでなければ」という「思い」「こだわり」「執着」が原因です。

そう考えると病気も「こころ」の問題が大きく関わっているのかもしれません。

私は何気なく発した言葉が自分の体をどんどん傷めつけていく、という宇宙の法則・方程式があることに気がつきました。

たとえば「生きているのがつらい、悲しい、つまらない」と言い続けている人は、「生きているのがそんなに大変なのだったら、早く死んでしまいましょう」と、体が反応して病気を呼び込むということです。

不平不満・愚痴・泣き言・悪口・文句を言っている人ほど、病気がちです。これはとても単純な宇宙法則です。

不平不満・愚痴・泣き言・悪口・文句、「つらい」「悲しい」「つまらない」「嫌い」「イヤだ」「疲れた」というような恨み言葉や憎しみ言葉、呪い言葉を、自分や他人、あるいは天井や壁に向かって発している人たちは、人間関係を悪くしているだけでなく、自分の体も悪くしているのかもしれません。

そうであるなら、自分の口から出てくる言葉をすべて、「嬉しい」「楽しい」「幸せ」

「大好き」「愛してる」「ありがとう」というものにしたら、「生きているのがそんなに楽しくて面白くて幸せなら、もっと長生きをしましょう」と、体が反応するということです。

体の中に病気を抱えている人は、自らの言葉や想念による部分もあるのかもしれません。

それを修復する魔法の言葉が、「嬉しい」「楽しい」「幸せ」「大好き」「愛してる」「ありがとう」という言葉であるらしいのです。

この話を聞いたある外科のお医者さんが、こんな話をしてくれました。

「自分がおつき合いをしている家族は2種類あります。ひとつは患者さんの家族で、これが数百あります。もうひとつは、友人としてつき合っている家族で、こちらが数十あります。この2つのグループを比べたときに、小林さんの言っていたことは本当にそうだと思いました」

つまり、このお医者さんのお話によると、病気がちの家族というのは、一人がある病気をして治ると、違う一人が何かの病気になり、その人が治るとまたさらにもう一人が病気になるというように続くそうです。

家族の中の一人が複数の病気にかかっていたり、複数の家族が病気になっているケースも多いそうです。

けれども、そのお医者さんが友人としてつき合っている家族には、患者は一人もいないそうです。

この2つのグループの違いは何かを考えたとき、それは病気がちの家族の間では、怒鳴り声や怒りの言葉、否定的な言葉、皮肉っぽい言葉などが飛び交っているそうです。

一方で、もうひとつのグループは、「ありがとう」とか「幸せ」というような温かい言葉や会話が交されているそうです。

「そこが明らかに違うということに気がついたのです」

とその方は言いました。

夕焼けを見たときに、「わー、今日の夕焼けはきれいだね」という息子の言葉に、父親が「本当にきれいだね」と言い、母親も「こんなにきれいな夕焼けを毎日見られて、幸せね」と言う、そういう家族は病気になりにくいように思えます。

それは生きていることを肯定し、楽しんでいるからでしょう。

このように、家族の間で常に温かい言葉や喜びの言葉が交されていると、なぜか病気が少ないようです。

病気は、
すべてを受け入れるための
訓練のようなものです。

数年前に新聞でも取り上げられていましたが、末期ガンの患者だけを集めて富士登山を行った医師グループがありました。

その医師グループの中に、「日本笑い学会」という会の副会長でもある昇《のぼり》先生という方がおられます。

昇先生は、ガンの治療に「笑いの効用」を取り入れています。ガン患者に「お笑い」を聞かせると、ＮＫ細胞（ナチュラルキラー細胞＝ガン細胞を攻撃する細胞）の活動が活発になるそうです。聞く前は40％だったのが、聞いたあとは70％に上がるというようなことがありました。

昇先生のお話によると、末期ガンでもう手の打ちようがなくなったガン患者の中に、５００人に１人、自然治癒してしまう人がいるそうです。

その「５００人に１人」の人たちには、人格上の共通項があるということでした。

それは、「ガンになる前より、ガンになってからのほうが、ずっと幸せだった」と思えた人だそうです。

冒頭で紹介した富士登山にはボランティアの人も同行しましたが、患者同士でも、お互いに背中を押し合うなどして助け合い、体の弱っている人を支えながら登ったそうです。

参加者の一人はこう話されました。

「自力で登っているときはつらかった。けれども、隣にもっとつらそうで体が重そうな人がいるときは、自分がつらいにもかかわらず、その人を押してあげたり、荷物を持ってあげたりしました。そういうことをしていると、自分の体がまったく違うものになっていきました。人助けをはじめた瞬間、体が軽くなり楽になったのです」

その登山には70歳ほどの女性も参加されていました。

「ガンになったから、よい仲間と助け合いながら富士山に登ることができました。70歳を過ぎて富士山に登るなんて思ってもみませんでした。ガンにならなければ生涯登らなかったでしょうし、仮に健常者だったとしても、70歳を過ぎてから登るなんてことは絶対に考えられなかったでしょう」

と話していたそうです。

それから4～5年がたち、今度はヨーロッパに行ってモンブランに登ることになりました。

70歳の女性はこの登山にも参加しました。そして、帰国後、昇先生に手紙を書いたそうです。「70歳を過ぎてヨーロッパに行くなんて考えられなかったし、ましてモンブランに登ることなど思いもよらないことだった」と。

その手紙の最後には「ガンになって本当によかった」と書いてありました。

「ガンにならなければ富士山に登ることもなかったし、モンブランも知らなかったでしょう。まして、こんな素晴らしい仲間と知り合うことも生涯なかった。ガンになって本当によかった。ガン細胞に心から感謝しています」という内容だったそうです。

その方はその後、ガン細胞がすべてなくなったそうです。

ついこの間、このような質問を受けました。

「私の友人で、小林さんの本を読んで心穏やかになった人がいるのですが、その人はガンが治らずに、結局そのまま亡くなってしまいました。いい人だったのに、どうしてこのような不幸なことが起こるのでしょうか」

と言うのでした。

よいか、悪いかの問題ではありません。ただ、「なんで私がガンになったの」と思っている間は、死に向かって一直線に全力疾走しているのだということを覚えておいてください。

何かの病気になったときに、「私は悪いことをしてこなかったのに、なんでこんな病気になって、ひどい目に遭わなくちゃならないの」と、その現象を否定した瞬間に、全速力で死に向かって走り出しているように思えます。

病気を受け入れること。

それで体が元気になる可能性がある。

受け入れれば解決し、受け入れない場合は体が壊れていくという仕組みになっているような気がします。

なぜその病気になったのか。

それは、受け入れることの訓練のためだったのかもしれません。命をかけてその訓練をしているのです。

今までのありとあらゆる現象をその人が受け入れてこなかったという場合、「小さな問題では受け入れないのですね。では肉体（命）をかけて、受け入れられるかどうかをやってみてください」と、神が突きつけていると解釈することもできそうです。

自分が言った「ありがとう」の数と、
言ってもらった「ありがとう」の数で、
奇跡は起きます。

２００１年９月、大阪での私の講演会に、こういう方がいらっしゃいました。末期の大腸ガンで、「余命３ヵ月。もう手の打ちようがないので、自宅で療養してください」と医者から言われたそうです。

その方は講演会の主催者の友人でしたが、私の講演テープを聞いて、体の悪い人をみんなで囲んで〝ありがとうのシャワー〟を浴びせかけると、病気が治ったり改善されることがあるという話を知り、自分もそれに賭けてみたいということでした（〝ありがとうのシャワー〟とは、「ありがとう」の言葉をシャワーのようにたくさん浴びせかけることです）。

多くの人が集まって、その人に本当に元気になってもらいたいと思いながら「ありがとう」の言葉を投げかけると、たとえば１００人が１分間に約１００回の「ありがとう」を言い続けると、１万回の「ありがとう」をその人に浴びせることができます。

自分で１万回言うのは大変ですが、１００人で言えば１分間で１万回の「ありがとう」を浴びることができるわけです。

「ありがとう」をたくさん言うと奇跡が起きると私は伝えていますが、その数は、自分が声帯を震わせて言った数はもちろんですが、自分に向かって言われた「ありがとう」の数もすべて加算されるようなのです。

自分に言われた「ありがとう」の数も加算されるということになれば、「喜ばれる存在」として生きていくことに、宇宙からの支援や応援があるということにほかなりません。やる気を持続させてくださる有り難い仕組みです。

その9月の講演会のとき、主催者の方は「正観さん、この方のためにそれをやっていただけるでしょうか」と言いました。

私が「みなさん、やりませんか」と聞くと「みんなでやりましょう」ということになり、その方に向かって120人全員で1分間、笑顔で「ありがとう」を言いながら拍手をしました。

その方は参加されているみなさんに向かって手を合わせて「ありがとうございます」とお礼を言い続けていたのですが、自然に涙があふれてきたのかもしれません。涙をぽろぽろ流しておられました。それを見た参加者の半数くらいの方ももらい泣きをしてしまいました。とても温かくて優しい空間でした。多くの人が笑っているのに目からは涙が落ちているという不思議な光景でした。

その状態が1分間続いたのですが、すると室温が2～3度上がったかのように非常に暑くなりました。私は背中から汗が流れ落ちるという体験をしました。

わずか1分間「ありがとう」を言いながら手をたたいただけですから、ものすごく体を使ったというわけではありません。しかし、みんなが笑顔で「ありがとう」を言いながら拍手をするということは、その場に不思議な熱を生じさせるようです。

室温が上がったと同時に、体温も2～3度上がったような気がしました。つまり、それだけで人間の体に変化が生じたということなのです。私の場合は背中に汗が流れ落ちるという明らかな現象が起きたので、間違いなく体が反応しているといえます。

それから3ヵ月後の12月。大阪でまた講演会がありました。

私の話が終わり、みんなが席を立とうとしたとき、主催者の方が言いました。

「みなさん、忘れていました。ちょっとご報告がありますので、もう一度座ってください」

　報告とはこういうものでした。

「みなさん、3ヵ月前に、大腸ガンで余命3ヵ月と言われた人がいたのを覚えていますか」

「覚えています」と多くの人が答えました。半数以上の人が9月の講演会にも参加していたのです。

「実は、あの方からのメッセージがあります」

　その瞬間、会場中が静まり返りました。3ヵ月前にみんなで〝ありがとうのシャワー〟をしたあの方が、今日は来ていません。当然ある結果が予測され、みんな言葉を失ってしまったのです。

「その方からのメッセージです。——あのときは本当にありがとうございました。嬉しくて嬉しくて、涙が止まりませんでした。本当にみなさん、ありがとうございました。みなさんにして頂いた〝ありがとうのシャワー〟は一生涯忘れることはありません。いくらお礼を言っても言い足りないくらいです。本当にどうもありがとうございました――」

余命3ヵ月と言われていましたから、その方に冷厳《れいげん》な事実がやって来たのだろう、と誰もが思いました。

主催者の方は言葉を続けました。

「〝ありがとうのシャワー〟を浴びた数日後、あの方は自分の体に変調を来していると思ったので病院に行き、精密検査を受けたそうです。そうしたら、ガン細胞が全部消えていた。今では職場に復帰し、今日は残業をしているので来られない。みなさまにくれぐれもよろしく伝えてくれ、ということでした」

その言葉を聞いて、会場の空気がゆるんだだけではなく、「ワァー」というやわらかな歓声と拍手が起こりました。また部屋の空気が2～3度上がったようです。

この話は事実なので、なぜそうなるのかということについて論じる意味はないと思います。そこに集まっていた120人の温かい心と、本当にこの人によくなってもらいたいという気持ちが〝ありがとうのシャワー〟となり、その結果、その人の心や体に大きな変革、奇跡が起きたということに違いありません。

今までに何回かそのようなことが起き、その結果何人かの人が奇跡的な治り方をしました。その場にいる人たちが本当に心からこの人をなんとかしてあげようと思い、そこに笑顔と、温かい「ありがとう」の拍手が重なると、どうやら奇跡がおきるようです。

全部が全部必ずそうなるとは断言できませんし、そのメカニズムは私にもよくわかりません。けれどもそういう現象が起きるということだけはお伝えしておきたいと思います。

「ありがとう」と書かれたものを身に着けたり、
周りに置いておくと、
宇宙の力が宿るようです。

2つのペットボトルに水を入れて、ひとつには「ありがとう」と書き、もうひとつには「ばかやろう」と書いて一晩置きます。

その水の氷結写真を撮ってみると、「ありがとう」と書いたペットボトルの水にはきれいな結晶が見られ、「ばかやろう」と書いたほうは、結晶が崩れていました。

ミクロの世界の写真が撮れるようになり、このような事実が次々と確認される時代になりました。

「ありがとう」の言葉をペットボトルに書いただけで、水が根源的に変質するということがわかってきたのです。

株式会社ＳＫＰ（Seikan Kobayashi Presents）は、私が企画・デザインなどを手がけた製品を扱っていますが、その中に「ありがとうハンカチ」というのがあります。

このハンカチには、３２８０個もの「ありがとう」の文字がプリントされています。

人間の体は70％が水ですが、その70％の水に対して、「ありがとう」が３２８０も書かれたハンカチを触れさせておくと、いったいどうなるか。

そのことに興味をもち持ち、実際に私の講演中にやってみた人がいます。

その人はその日、朝から頭痛だったそうですが、講演の前に買ったそのハンカチを鉢巻のようにして頭に巻いてみました。すると、なんと15分で頭痛がなくなったそうです。

同じように3年間ずっと右腰の痛みで悩んでいた人が、40分ほどそのハンカチを右腰にはさんでいたところ、痛みが消えたとのことでした。


さらに面白い報告がされています。

食中毒になって、夕食後に20回もトイレに行っていた人が、寝る前にパジャマのへソのところにハンカチをはさんで寝たところ、朝まで一回も起きなかっただけでなく、翌日は普通の便が出たそうです。その後は健康状態が回復して、一晩で完治したのです。

同じような話で、10日間便秘で苦しんでいた人が、「このハンカチは体のバランスをいい状態にするらしい」と考え、お腹にそのハンカチを当てて寝たのだそうです。

翌朝、10日間出なかった便が、非常に気持ちよく出たということでした。

ハンカチのほかにはパジャマもあって、上下に4500もの「ありがとう」がプリントされています。

実際にこのパジャマを着た私の体験では、睡眠時間が7〜8時間のときは、普通の寝巻きと大差ありませんが、3〜4時間しか睡眠時間がないときは、普通の寝巻きだと眠さが残りますが、このパジャマを着ると非常にすっきりと目覚めるということがわかりました。

人間の体に「ありがとう」の文字や言葉をたくさん触れさせておくと、細胞が活性化して若返り、好ましい状態に変質していくようです。

このようなことから、「ありがとう」という言葉は、言うだけではなく、自分の身に着けたり、周りに置いておくのもいいらしい、ということもわかってきました。

さらに、「パワーカード」というのもあります。これは「ありがとう」の言葉を10

の96乗、あるいは10の106乗という膨大な数が書かれたカードで、これも効果を示しています。

ある方の子どもが、心臓に穴が空いていることがわかり、半年後に手術をすることになっていました。ご両親は手術までの半年間、子どもに「ありがとう」を言わせたら体が改善されるかとも思いましたが、まだ小学校に上がる前の幼い子どもです。何万回も言わせるのはかわいそうだと思い強制はしませんでした。

そのかわりに、子どもの左の胸ポケットに「パワーカード」を常に入れていました。

半年後、手術をするために、九州から東京の病院まで両親とその子どもは行ったのですが、手術前の検査の結果、なんと心臓の穴がふさがっていたそうです。

結局、その子どもは手術をすることもなく、両親とともに幸せな気持ちで九州に帰ったそうです。

「ありがとう」と書かれているもの、たくさん書いてあるものには、宇宙のすごい力が宿るのかもしれません。

「何を食べても太っちゃうのよね」

と言っている人は太り、

「何を食べてもやせちゃうのよね」

と言っている人は、やせていきます。

長い間私が日常生活を観察してきて得た法則のひとつに、太り気味の人にも人格上の共通項があります。

それは、太り気味の人はいつも同じセリフを口にしているということです。

「私、何を食べても太っちゃうのよね」と言いながらものを食べ、「私、水を飲んだだけで太るのよね」と言いながら水を飲んだりお茶を飲んだりしているのです。

口に入れられた食べ物や飲み物は、体の中に入ってハッと気づきます。

「あ、そう言われたんだから、この人の体を太らせなくちゃ」と。

そして、その人の体が太るように働くのです。

私は35年間、体型が変わっていませんし、体重も変わっていません。

秘訣は、「私、何を食べても絶対に太らないんです」と言いながら食べることです。

私は普通の人の食事量より多め（5割増しくらい）に食べますが、まったく太りません。それは、「どんなに食べても太らないんです」と言いながら食べているからです。

食べたいだけ食べられます。

先日、70kgくらいの人が私のところにやって来て、こんな話をしました。

「3ヵ月前に小林さんから『何を食べても太らないんです』と言いながら食べると絶対に太らない、という話を聞きました。それまではダイエットをしようと考えていましたが、この話を聞いて、これが自分の求めていた究極の方法だと思い、3ヵ月間『何を食べても太らないんです』と言いながら食べ続けました。しかし3ヵ月後、体重は70kgのままだったんです。全然やせないじゃないですか」

ということでした。

私はその方に、「もう一回言ってみてください。何と言って3ヵ月間食べ続けたのですか」と聞きました。

「私、どんなに食べても絶対に太らないんです、と言っていました」

と、その方は答えました。

「だから、太ってはいませんよね。『何を食べても太らないんです』という言葉には、『やせる』とか『細くなる』という情報は入っていません。『太らないんです』と言ったとおり太らなかったのです」と私が言うと、その方は納得して帰っていきました。

また別のところで、「やせたいのであれば、『食べれば食べるほどやせちゃうんです』と言いながら食べればよい」という話をしました。

それを実際にやった方がいました。その方も体重が70㎏くらいの中年の女性だったのですが、２ヵ月間で４㎏やせたそうです。

それまでは食べれば食べるほど太るので、食事に気をつけながらダイエットをしてきたそうです。ですから「人生の中で今がいちばん楽しくない。食べたいものが食べられないなんて、人生がつまらない」と思っていた。そういうときにこの話を聞いて、それからは食べたいだけ食べて、そのたびに「食べれば食べるほど細くなっちゃうのよね」と言ったそうです。

そうしたところ、２ヵ月間で４㎏やせたと言って、ニコニコしながら私のところにやって来ました。

言葉が体に及ぼす影響の大きさは、おわかりでしょうか。

太っている人には、もうひとつ共通項があります。

それは、夜寝る前に「この一口が私を太らせるのよね」と言いながら食べることです。この一言を聞いた食べ物は、「寝ている間にこの人を太らせなくちゃ」と思います。

このように、太り気味の人というのは、共通して3つの言葉を口にしています。

「私、何を食べても太っちゃうのよね」

「水を飲んでも太るのよ」

「寝る前のこの一口が太らせるのよね」

やせたいのであれば、こういう言葉は言わないこと。

「何を食べてもやせる、細くなる」と言っていると、本当にやせていきます。

「私、何を食べても○○kgまでやせちゃうのよね」というように理想の体重を入れるとよいでしょう。

人間の体は、これほど単純で面白く、不可思議にできています。

「泣くこと」も
免疫力を上げるようです。

「笑い」というものが大変体によく、免疫力を高めるということはあちらこちらで言われるようになりました。前述したように、笑ったあとは免疫力が上がり、ナチュラルキラー細胞の動きも活発になるようです。

ところが面白いことに「泣くこと」も免疫力を上げるらしいということがわかってきました。

「笑い」よりも、むしろ「泣くこと」のほうが、免疫力がアップするという点では効果があるようなのです。

もちろん、同じ泣くにしても、悔し涙のようなストレスをかき立てる涙は体によくないようですが、感動して心が共鳴することで涙を流すのはとてもよいことなのでしょう。

映画に大変精通しているある方が、「泣くと体に大変よい効果がある」という話を聞いて、今まで自分が見た映画で「泣ける映画」というのをリストアップしてくださいました。心を揺さぶるものが多いので、その一覧を紹介しましょう。

ビデオショップなどにこれらの作品があれば、たとえば毎日3本ずつ見て、10日間あるいは20日間泣き続けるということをやってみると、もしかすると体の不調も変化するかもしれません。免疫力が大変高くなるという事実は証明されていますから、やってみる価値があるのではないでしょうか。

以下、１２０本の映画を紹介しましょう。（２００2年時掲載分）

1	2	3	4	5	6	7	8
風の谷のナウシカ	もののけ姫	火垂《ほた》るの墓	E.T.	ディープ・インパクト	天使のキス・ショット	3人のゴースト	天使にラブソングを　1・2

9	10	11	12	13	14	15	16
マスク	クール・ランニング	ミセス・ダウト	ローマの休日	陽のあたる教室	不滅の恋　ベートーヴェン	グース	バックドラフト

17	バッド・ボーイズ
18	天使の贈りもの
19	オンリー・ユー
20	君に逢いたくて
21	幸福の選択
22	風と共に去りぬ
23	ウエスト・サイド物語
24	ベン・ハー
25	フォレスト・ガンプ
26	ダンス・ウィズ・ウルブズ
27	レインマン
28	パリのランデブー
29	イングリッシュ・ペイシェント

30	三銃士
31	トップガン
32	ラスト・オブ・モヒカン
33	サブリナ
34	あなたに降る夢
35	ア・フュー・グッドメン
36	心のままに
37	俺たちは天使じゃない
38	フランケンシュタイン
39	顔のない天使
40	恋に落ちたら…
41	スタンド・バイ・ミー
42	ブラス!

第3章 奇跡を起こす「ありがとう」

55	54	53	52	51	50	49	48	47	46	45	44	43
マイ・ガール	恋しくて	インデペンデンス・デイ	ジャック	シャイン	世界中がアイ・ラヴ・ユー	ライアーライアー	素晴らしき日	ロミオとジュリエット	ザ・エージェント	チャンス	この森で、天使はバスを降りた	ロザンナのために

68	67	66	65	64	63	62	61	60	59	58	57	56
ワーキング・ガール	愛がこわれるとき	愛に迷った時	ペリカン文書	プリティ・ウーマン	シザーハンズ	フィッシャー・キング	若草物語	ニキータ	グラン・ブルー	レオン	ドラキュラ	34丁目の奇跡

69	幸福の条件
70	恋人たちのパリ
71	ゴースト　ニューヨークの幻
72	マイ・ライフ
73	プリティ・リーグ
74	アンカーウーマン
75	アサシン
76	ディアフレンズ
77	マディソン郡の橋
78	ティン・カップ
79	ワイアット・アープ
80	忘れられない人
81	摩天楼を夢みて
82	フレンチ・キス
83	星に想いを
84	恋人たちの予感
85	めぐり逢えたら
86	アミスタッド
87	恋愛小説家
88	フェイス／オフ
89	ポストマン
90	ピースメーカー
91	エアフォース・ワン
92	フェイク
93	インサイド
94	レジェンド・オブ・フォール

95	フル・モンティ
96	ふたり
97	ショーシャンクの空に
98	マイ・フレンド・フォーエバー
99	素顔のままで
100	セブンイヤーズ・イン・チベット
101	恋におぼれて
102	グッド・ウィル・ハンティング
103	バラ色の選択
104	ライオン・キング
105	シャル・ウィ・ダンス?
106	星に願いを
107	プリシラ

108	さよならモンペール
109	恋はお手上げ
110	サウス・キャロライナ
111	ブルースが聞こえる
112	この愛に生きて
113	花嫁のパパ
114	君の手がささやいている
115	大逆転
116	カクテル
117	ラブリー・オールドメン
118	9か月
119	フォー・ウェディング
120	マイ・ベスト・フレンド

「幸」や「不幸」は、
そう思う人の心が決めています。
「これが幸せで、これが不幸」という現象は、
宇宙に存在しません。

私には智恵遅れの障害児がいるのですが、こういう障害児などは霊障《れいしょう》ではないのか、と質問した人がいました。

霊というものが存在するとは思いますが、私たちの目の前に起きている現象に「よい」とか「悪い」という性格づけはされていないように思います。

つまり、「幸」や「不幸」というのは、そう思う人が決めていることであり、宇宙的に「これが幸せで、これが不幸である」という現象は存在しないように思います。

宇宙的な「幸」や「不幸」が存在しない限り、この世に霊障というものは存在しないという結論になります。

「これが世の中にとって不幸だ」「これが一般的に不幸だ」「これは絶対的に不幸だ」ということを前提として、霊障という考え方が出てきますから、それを不幸だと思わない人にとっては、霊障というものは存在しないということになるのです。

多くの障害児を持つ親がそうであるように、智恵遅れの子どもや肉体的にハンディを持つ子どもを頂いた親は、そこからたくさんの学びを得ることができます。

健常児の子どもだけでは決して得られないようなたくさんの素晴らしい贈り物――その子どもがいなければ、親自身が成長できなかったと思われる何百、何千もの教えや気づき――をその子たちから頂くのです。

特に、勝つこと、競うこと、比べること、争うこと、人よりも抜きんでることを価値観として教わってきた人にとっては、競わない、比べない、争わない、そしてすべての人に対して優しいだけの存在である障害児というのは、よい意味で大変ショックな存在なのでした。

「この子たちが自分の子どもとして生まれてこなかったら、人の悲しみや苦しみというものが理解できなかっただろう。自分はもっと優しくない人間であったに違いない」と障害児を持つ親は誰しもがそう思っているはずです。

この子たちが周りの人に与える影響は計り知れないものなのです。

周りの人に優しさを与えるということについては、障害を持つ子どもたちはものすごい能力を持っています。

そういう子どもたちはまさに「天使」とも呼べる存在です。

つまり、いろいろな障害を持って生まれてきた子どもたちを「不幸」だと親が認識した瞬間に、それが霊障というものに結びついていくのです。

その子が親にどれほど素晴らしい考えや気づき、愛情、優しさを与えてくれたかと考えたとき、多くの親は手を合わせて感謝こそすれ、決して「この子が生まれなければよかった」などとは思いません。

私の周りにも障害児を持つ親がいますが、その人たちは今、明るい顔で障害児たちを見守っています。

「仕方がない」と我慢や忍耐してマイナスにとらえているのではなく、「この子は多くのことを私たちに教え、与えてくれた」とプラスにとらえているからです。

障害児を頂いた親は、「ほかの人よりもたくさんのことを、早く気づいていいですよ。たくさんのものを宇宙や神さまからメッセージとして受け取っていいですよ」と言われている人にほかなりません。

そういうことがわかったら、その子どもは心からの感謝の対象になるのではないでしょうか。

霊障というと、金縛りについてもよく聞かれます。

とても疲れているときなど、横になった途端に寝てしまうことがあります。しかし、精神が興奮状態にあるとき、脳はなかなか寝てくれません。3分あるいは5分、寝つくまでの時間に脳と肉体の間にギャップがあることがあります。そのときに体験するのが金縛りというものです。

金縛りといっても、20人のうち19人ほどは、このような脳と肉体のギャップにより、意識はあっても体が動かない状態になったものです。

ただ、霊による金縛りがまったくないわけではありません。統計学的に何かを調べたわけではなく、私が30年間に何万という相談を受けてきた結果ですが、霊による金縛りと思われるケースは5％くらいありました。

金縛りに遭うというときは、実は大変に執着が強いときのようです。

これは自分のことに対する執着ももちろんありますが、子どものこと、家のこと、家族のこと、仕事のことなどについて、「どうしてもこうあってほしい」「こうでなければイヤだ」というように、周りに対しても執着が異常に強くなったときに起きるようなのです。

執着が取れず、未練を残して死んでいった人たちの「不成仏霊《ふじょうぶつれい》」と同じくらいの強い執着を持ったとき、その霊を呼び寄せてしまうように思えます。

たとえばどうしても子どもに大学に合格してほしい。だからそのために、家族中が何ヵ月も、勉強の邪魔にならないようにと物音を立てずに暮らしているとか、自分の会社がなんとか倒産しないでほしいとか、なんとしてでもお金がほしいとか、そのような強い執着を持ったときに金縛りが起きるようです。いつも金縛りに遭っているわけではないのに、何年かに一度金縛りに遭うという場合、このようなケースが多いようです。

それがわかってしまえば、金縛りを防ぐ方法はそんなに難しいことではありません。**自分の中に、ふだんは持たないような強い執着がないかどうか振り返ってみる。そして執着を日常的に持たないようにすればいい、ということになります。**

結局、その執着にとらわれることなく、いかに楽しく生きるかということが答えになるのでしょう。

第4章

流れに任せて生きる

相手がどういう態度であろうと、
自分のやり方を貫く。
それがその人の生き方になります。

2001年8月、『中陰《ちゅういん》の花』（文藝春秋）という作品が芥川賞を受賞しました。選考委員会では満場一致だったそうです。満票というのは、12年ぶりの快挙だとか。

「中陰」とは、「この世とあの世の境」という意味で、〝おがみや〟のウメさんの死を中心に、「この世とあの世の境」の話を書いたものでした。

芥川賞の傾向を見ていると、面白いことに気づきます。

それは、時代の一歩先を歩んでいるものが選考されるということです。二歩進んでいるものは進みすぎで、前衛的すぎるのでしょう。といって、現在の主流になっている文化は当たり前すぎて、選考されない。時代を一歩先取りしているもの、これから主流になるであろう、あるいはこれから根づくであろう作品が、今までずっと選ばれてきました。

『中陰の花』が芥川賞に選ばれたことは、つまり、「この世とあの世の境」のような不可思議な世界がこれから多くの人に認識されるであろうと予感されたからでした。

そういうものが社会的に受け入れられるようになってきた、ということの証《あかし》でもあったのです。

作者の玄侑宗久《げんゆうそうきゅう》さんは臨済宗のお寺の僧侶でもあります。2002年2月、私はたまたま宗久さんとお会いする機会に恵まれました。

宗久さんは宗教者ではあるのですが、宗教的な「信仰」という立場からではなく、3次元的に検証しながら死後の世界をとらえているという点で、大変面白く魅力的な方でした。

作品の中にも示されているように、宗久さんは大変な勉強家であり、いろいろな話や情報が出てきて、話していてとても楽しいのです。そのためか全国各地から講演依頼が来て、飛びまわっているということでした。

私自身、いくら話を聞いていても飽きることがありませんでした。もっとたくさん聞きたい、と思わせる方なのです。

宗久さんが天竜寺で修行をしていたときの話です。

毎朝宗久さんが拭き掃除をしている廊下の外や庭先から、作務衣《さむえ》を着て「おはようございます」と、にこやかな笑顔で挨拶をされた方がおられたそうです。

宗久さんは、当初はこの方がいったい何者なのかわかりませんでした。ただ、それが毎日続くので、とても感じのよい人だとは思っていたそうです。

あとでわかったのですが、この方が天竜寺の管長（最高位の方）でした。

この管長さんは、毎朝決まった時間に天竜寺の近くを散歩されていたのだそうです。

管長さんには、毎日出会う人がいました。その人に対しても、毎日同じように「おはようございます」と挨拶をして会釈をなさったそうです。

しかし、その声をかけられた人は無視をして、いっさい返事をすることがなかったといいます。

けれども管長さんは、相手から挨拶が返って来ようが来るまいが関係なく、毎朝笑顔で「おはようございます」と言い続けたのだそうです。

３年たったある日のこと。いつものように「おはようございます」と笑顔で話しかけた管長さんに対して、その男性はついに声を発しました。

「おはようございます」と言い終わったあとに、「ごめんなさい」と、がばっとひれ伏したというのです。

この男性の心の中に何が起きたのかを推測することは無意味なことでしょう。何があったのかということは大した問題ではなく、かたくなに挨拶を拒み続け、話をすることを拒み続けた人に対して、3年もの間、笑顔で「おはようございます」と言い続けた人が世の中にいる、という事実です。

その結果として、かたくなに拒み続けた人がついに心を開き、涙ながらに「ごめんなさい」と謝ったというのです。

管長さんは返事をしなかったことを責めていたわけではありません。

ただ自らの生き方として、相手がどういう態度であろうと関係なく「おはようございます」と言い続けた、そういうことに徹した、ということだと思います。

「これほど自分が挨拶をしているのに、返事をしないとは何ごとだ」と言うのは簡単でしょうし、一般的な反応かもしれません。

しかし、それでは挨拶をしている意味がありません。

挨拶をしていることで、結局けんかを売っているのでは何にもならないでしょう。

「おはようございます」と声をかけることは、管長さんの側からすると「自分の勝手」ということであったのかもしれません。

自分が行《ぎょう》として、ただそのように毎日を送り、そういうことに徹し、相手がどのような反応であろうと関係なくそのように生きる、という姿であったのでしょう。

宗久さんの話すその管長さんのお話は、とても爽《さわ》やかで、すがすがしいものでした。

人に迷惑をかけずに生きるより、
自分は無力な存在だと思い、
周りに感謝しながら生きるほうが、
楽に生きられます。

すごく怒っている人がいました。

「人に迷惑をかける生き方はしたくない。自分も人に迷惑をかけずに生きているから、人に迷惑をかけて生きている人は許せない。特に暴走族などは迷惑ばかりかけているではないか」

そういう話をされました。

私は暴走族が人に迷惑をかけていない、ということを言いたいのではありません。

「私は迷惑をかけていないけれども」というその人の言葉がちょっと気になったのです。

「私は人に迷惑をかけていないが」という考えには、「私は誰にも迷惑をかけずに自分の力で生きている。私は正しく生きている」という思いがあるように思います。

本当にそうでしょうか。


人間はたくさんの物、人、動物、植物に迷惑をかけながら生きているのではないでしょうか。

私たちは生きていくために米や麦を何百万粒、魚を何千匹、牛や豚を何百頭も生涯にわたって食べています。

山道を車で走っているときは、必死になって食べ物を運んでいるアリの行列をタイヤで踏みつぶしているかもしれません。腕にとまった蚊をバシッと叩き殺し、食卓にいるハエをハエ叩きで殺していたかもしれません。

ただそれを気にとめていなかっただけなのです。自分が生きるために、どれほどほかの動物や生物たちに迷惑をかけていたかわかりません。

「迷惑をかけないで生きるぞ」というのは一面では正しい考え方かもしれません。

しかし、もう一歩進んでものを考えると、「人間はほかの生き物に対して迷惑をかけていない」ということなどあり得ないと気づきます。

「人間は迷惑をかけなければ生きていけない存在である」と、考えるほうがよいのではないでしょうか。

「迷惑をかけていない」と思うこと、あるいは「迷惑をかけないで生きていくぞ」と決意することよりも、「迷惑をかけている存在なのだから、その自分を支えてくださっている生き物に対して、心から感謝をしながら生きていく」ことのほうがずっと前向きで楽なのではないでしょうか。

「私は人に余計な世話をかけたくない。そういうふうに老後を生きたくない」と言った方もおられました。

そういう考え方も間違ってはいないと思いますし、その方向で生きるのはよいと思います。

しかし、人間は生きていること自体、周りに迷惑をかけている存在であり、周りにお世話をしてもらっているということにほかなりません。

「世話にならないで生きるぞ」とかたくなに決意することよりも、「自分は無力で大した存在ではないのだから、人に世話をしてもらい、迷惑をかけながらしか生きられない」と思い、周りのすべてのものたちに感謝をし、手を合わせて「ありがとう」と言いながら生きていくことのほうが、ずっと楽に生きられるような気がします。

人生に起こることは、
生まれる前に自分で書いたシナリオどおりです。
それにすべてを委ね、目の前の人、出来事を
大事にして生きればいいのです。

ある女性の話です。

この女性は結婚して8年間子どもができなかったそうです。あらゆる不妊治療を試みていましたが、それでも子どもに恵まれず悩み苦しんでいるときに、たまたま私の話を聞きました。その話というのは、次のようなものです。

人間の一生というのは、生まれながらにして決まっています。生まれる前に自分でシナリオを書いてきているのです。

ですから、人生に起こることはすべて予定どおりのことが起きています。

人生はそのようになっているのですから、過去のことをクヨクヨする必要もないし、未来のことを心配する必要もない。ただ委《ゆだ》ねればいいのです。

そして「念」を入れて生きていけばいい。「念」という字は「今」の「心」と書きます。

つまり、起きている出来事に身を委ね、今、目の前にいる人、目の前に起きていることを大事にして生きていけばよいのです。

このような私の話を聞いて、その女性はすっきりしたといいます。自分で悩んできたことが嘘のように解消し、楽になり楽しくなって、心豊かな日々を送れるようになりました。

その結果、なんと8年間できなかった子どもが突然、授かったのだそうです。そして、無事出産しました。

1年ほどたったとき、その女性はどうしてももう一人ほしくてたまらなくなりました。そして「妊娠できますように」と神さまにお願いをし、またいろいろな治療を試みたのですが、やはり授かりませんでした。

そこでまた私の話を思い出したのだそうです。

「そうだ、全部決まっているのだから、自分のシナリオに身を委ねればいいのか」と思い、そこからまた力が抜けて、楽になったということでした。

すると、なんとまた妊娠したのだそうです。

「力を抜いて生きること。頑張って執着して『そうでなければイヤだ』と思っているときは、そうならないんですよね。力を抜いてお任せした途端に、あれほど望んでいた子どもを授かったということは、神さまが私にそういう法則を教えてくれているのだと思います」

と彼女は言いました。

実はこの話にはさらに「おまけ」があるのです。

2人目の子どもを妊娠して診察に行った先で、彼女はこう言われました。

「子宮の中に筋腫ができているので、子どもが大きくなるに従ってその筋腫が邪魔になってきます。1ヵ月後くらいに再検査して、その状況でどうするかを決めましょう」

と。

つまり、手術をして切り取るか、ほかの方法を考えるか、そのまま見送るか、ということを判断することになったようです。

彼女はその再検査までの間、お腹の筋腫に話しかけていたそうです。

「筋腫さん、小さくなってくれてありがとう。お腹の子どもの邪魔にならないように退いてくれてありがとう」

1ヵ月間、そう言い続けたのだそうです。

そして1ヵ月後に再検査をしたところ、「筋腫がなくなっています。いったいどうしたんでしょう」と医者は目を丸くして言ったそうです。

「頑張らないで、必死にならないで『そうならなくてもいいけれど、そうなったら嬉しい。そうならなくていいけれど、でもそうなったら楽しい。そうならなくていいけれど、でもそうなったら幸せ』と思っていると、こんなにも効果が出るものなのですね。

自分の思いにこだわっていると、どんなに望んでも実現しませんが、逆に思いや執着を捨てることで望みが叶っていくことを、私は2人の子どもを通して学びました」

と、彼女は笑顔で語ってくれました。

喜ばれることは、人間の根源的な幸せです。
喜ばれることとは、
頼まれごとをしていくことです。

人間の体を考えてみます。

眉毛は額から汗が落ちてきたときに、目に汗が入らないようにするために存在し、汗が多い人の眉は濃く太くなりました。

耳はたくさんの人の話を聞くために耳たぶがあります。

目は多くのものを見て学ぼうとしたとき、目は見開かれ、そうすることによってだんだん大きくなるのでした。


人間の体というものは、そのように常に「ほかのもののために」存在しています。

肺や心臓、腎臓、肝臓、胃、腸にしても、自分のために存在する臓器は何ひとつありません。

どれもみんな、体の中に存在するほかの臓器や細胞を生かすために働いています。

人間の体そのものが利己的ではなく、ほかのもののために成り立っているのです。

「人体は小宇宙」というたとえがあるとおり、宇宙が人間の体にまとまっている、と言っていいかもしれません。

そして、その宇宙とはすべての臓器がほかのもののために働くことによって成り立っている、まったくもって不思議としか言いようがない小宇宙なのでした。

人は一人では生きてはいけません。一人で生活できない以上、「人間」として生きるということは、自分のために生きることではなく、ほかに存在するもののために生きるということです。

つまり、人間社会の中で自分が「いかに喜ばれる存在になるか」ということにほかなりません。

「いかに喜ばれる存在になるか」というのはつまり、「いかに頼まれやすい人になるか」ということです。

頼まれたことをやってあげたとき、相手はニッコリ笑って「ありがとう」と言ってくれるでしょう。そのときにこそ、人間本来の「存在の喜び」が湧いてきます。

「喜ばれること＝人間のもっとも根源的な幸せ」

それこそが幸せと感じられるように、私たちの心にはプログラムがセットされているようです。

実際にやってみてください。ニッコリと美しい笑顔で「ありがとう」とお礼を言われたときに、「ああ、生きていてよかった。これをさせていただいたおかげで、いちばん幸せで楽しいのは、私ではないか」と思えるに違いありません。

「思い」をもたずに生きる。

「思い」があるから、悩みや苦しみが生まれ、

人生が重くなるのです。

人間の悩み・苦しみ・煩悩《ぼんのう》というものは、自分の思いを実現させたい、と執着するところからはじまっているように思います。

自分に思いがあるときは、その思いを実現させようと人は考えます。それは当然のことでしょう。

でも人は、その思いが簡単に実現するものであれば問題はないのですが、そうではなく高いところ、遠いところにあればあるほど、それはよい目標であり、望ましいことであると思ってしまいがちです。

「望みは高いほうがいい」とか「棒ほど願って針ほど叶う」という言葉はそういうことを表しているような気がします。

けれども、「思い」をなんとか実現させたいと思うから苦しみ、それができなくて自己嫌悪になったり、落ち込んだりするのだと思います。

「思い」を持つことによって悩んだり苦しんだりするという構造を踏まえると、悩みや苦しみを持たずに生きる方法が2つ見えてきます。

１つ目は、努力して頑張り、必死になって、なんとしてでも自分の思いを実現する、という方法です。学校教育や社会の中で、私たちはそうやって生きるべきだという価値観を教え込まれてきました。

２つ目は、「思い」があるがゆえに悩みや苦しみが生じるのであれば、その「思い」をはじめから持たない、という方法です。

「思い」を持たなければ、それを実現させよう、そこに到達しようとは思いません。ですから、同時に自己嫌悪もストレスも存在せず、落ち込むこともありません。

しかし、私たちは今までの教育の中で、目標を持つこと、そこに向かって努力し邁《まい》進《しん》することが人間の価値であり、そうしない人はダメだと言われてきました。**「思い」が人生を重くするのです。**

しかし、人間の価値は、そういう一面的なもので決まるのでしょうか。

多分、そうではないでしょう。

私たちがこの世に生命を受けたことの目的は、「喜ばれる存在になること」であっ

たはずなのです。

生物学的に言うと、私たちは「ヒト」です。

ヒトというのは、サルやネコ、イヌと同じような生物学的な分類として「ヒト」というジャンルに属します。

ヒトとヒトがお互いに協力して社会生活を営む動物という意味で「人の間」と書いて「人間」という言葉になりました。

私たちは一人では生きていけません。

必ず多くの人に囲まれ、社会の中で生きているのです。

社会の中で「私」という人間が「喜ばれる存在」になること。

これこそが、この世に私たちが生を受けたことの意味です。

自分が達成目標を立てたり到達目標を掲げたりして、そこにわき目もふらず努力し邁進していくことは、どうも人生の本質的な目的ではないように思います。

毎日、口にしている言葉が、
自分の「顔」をつくっています。

15歳の頃から私は手相や人相学を勉強してきました。とりわけ人相学は興味深いものでした。

人相を三十数年見てきて、いろいろわかったことがあります。それは人間は、不平不満・愚痴・泣き言・悪口・文句を言った数だけ、それが顔に表れているということでした。

不平不満・愚痴・泣き言・悪口・文句だけではありません。恨み言葉、憎しみ言葉、呪い言葉、あるいは「つらい」「悲しい」「つまらない」「イヤだ」「嫌いだ」「疲れた」というような、自分や周りの人を否定する言葉、神や仏に対する呪いの言葉、世の中を否定的に評価し論評する言葉も同様で、そういう言葉を言った数だけ、はっきり人相に出ているような気がします。

逆に、「嬉しい」「楽しい」「幸せ」「愛してる」「大好き」「ありがとう」という言葉を言っている人は、言っている数だけ顔に表れているように思います。

つまり、否定的な言葉も肯定的な言葉も、言った数だけ全部顔に集積されており、それがその人の顔をつくっているということです。

初対面のある人の顔を見たとき「１日に10個くらい不平不満・愚痴・泣き言・悪口・文句を言っているように思えますが、そうですか？」と笑いながら聞いてみました。答えは、「はあ、そのとおりです」というものでした。私の人相学はあまり大きく外れることはないようです。

テレビのニュースを見ていると、よく街頭インタビューがありますが、私はその人の意見を聞く前に、肯定的な意見なのか、否定的な意見なのかがほとんどわかります。否定的なものの考え方をしている人は、すでに顔にそういう表情が出ており、どんな問題について聞かれても否定的な受け答えをし、逆に、肯定的な考え方をしてきた人は、それが顔に出ており、どんなことを聞かれても肯定的な答えをするのです。

肯定的な生き方も、否定的な生き方も、かなりはっきり顔に出るような気がします。

人の話を否定的に聞く人は、
驕《おご》りや高ぶりがある人です。
肯定的に聞く人は、謙虚な人であり、
得をする人です。

講演会のあと、30人ほどで２次会をしたときのことです。

私が面白いお札の折り方をみなさんに話していました。

「お札をこういうふうに折ると、どうも仲間（お金）を呼んでくれるらしいですよ」

すると、その場にいた人たちは「どういうふうに折るんですか」と興味津々になり、私が実際に２つを折ってみると、楽しそうにそれを回覧しはじめました。

そのお札はぐるりと回って、その見本がたまたま私の目の前の30歳くらいの女性のところに来たのです。

１つ目の見本を見て、彼女はこう言いました。

「こんなことを考えつく人って、ずいぶん暇なんですね。暇な人でないと、こんなことを見つけませんよね」

これが、彼女の開口一番の言葉でした。

それから10秒ほどたって、２つ目の見本が彼女のところに回ってきました。開口一番、彼女はそれを見ながらこう言いました。

「この脇の人物の顔がこういうふうに折れているのを見ると、変なふうにゆがんでいて不愉快ですね。格好悪いですね。こんな変な顔って見たくないですよね」

私は隣に座っていた人と顔を見合わせて苦笑してしまいました。

隣の人が「正観さん、一言言ったほうがいいのではないですか」というような顔をしていたので、私は重たい口を開きました。

「〇〇さん、今、2つのものを見て、2回とも否定的な反応をしたことに自分で気がつきましたか」

「えっ、そうですか?」

本人は驚いた様子でした。否定的な反応をしたことに、彼女自身は気がついていなかったようです。

「1つ目を見たときも、2つ目が回ってきたときも、大変否定的な言葉を言いました。話題そのものについてではなく、まったく関係のないところを皮肉っぽい目で見ながら、冷たく否定的な意見を言っていました。『こういう楽しい話があるのですよ』と言った私をがっくりさせました。その言葉を聞いて、私は体中の力が抜けてしまいました。『ああ、この人には何を言ってもダメなのだな。もうそれ以上の話をしても仕方ないかな』というう気にさせられたのですよ」

と私は申し上げました。

彼女は頭のよい人だったのでしょう。こう言いました。

「今、正観さんに言われたことは、私が今まで学んできたこととはかなり異なる、ものすごく重要で奥深いことを言っているような気がします。もう少し詳しい説明をしてください」

そこで私は次のような話をしました。

何か面白く楽しい情報を伝えたとき、それを聞いた人が開口一番に否定的なことを言うと、その瞬間、それを伝えた人は気落ちしてしまうものです。

これ以上言っても、また冷たく否定的な言葉が返ってくるだけだと思うと、もう2つ目、3つ目の情報は伝えたくなくなります。この人に何か楽しそうな情報や役に立ちそうな情報を伝えても、多分聞き入れてもらえない、役に立たないだろうと思ってしまうからです。

「こんなことを考えつく人って、ずいぶん暇なんですね」と言った瞬間、そう言った人は、それ以上のことは聞きたくない、と潜在意識の中で言っているようなものです。

それは「そんなことは知りたくない。私は今のままで十分なのだ」という驕り、高ぶり、傲慢《ごうまん》、うぬぼれにほかなりません。

謙虚であるということは、誰かが面白い情報や、楽しく新しい情報を持ち込んできたときに、「それで、それで」と聞く立場になることです。

つまり、自分の中に情報を吸収しようとする心があることです。

常に好奇心や関心、興味があることが謙虚さのひとつではないでしょうか。

自分はある程度勉強してきたから、自分はいろんなことを知っているから、そんなことには関心がない……そういう心を持っていると、否定的で冷たい反応になるのだと思います。

その結果として、そこから先は話が進まなくなります。

今回のように、1つ目、2つ目の情報で否定した場合には、もう3つ目、4つ目、5つ目の情報は彼女に向かっては発せられません。

ほかの人は3つ目、4つ目、5つ目の情報を聞いて「面白かった。楽しかった」と言って帰っていくわけですが、彼女にはもうその情報は向けられなくなってしまう。

つまり、否定的な言葉を言ってピシャッと遮断することは、とてももったいないことをしている、ということです。

人の話や情報をたくさん聞き入れると、それを吸収した自分は大きくなれます。

謙虚に興味を持って人の話を聞けば、相手はきっともっと話をしてくれるでしょう。

そういう話の中から、自分の感性に合うものだけを取り入れればよい。その一つひとつの情報について、気に入る、気に入らない、と目の前で感想を言うことに意味があるでしょうか。

「なるほど、そうですよね。それで、それで」というように、笑顔で相手の話を引き出すこと。

これこそが謙虚さであり、もっとも自分が得をするというものではないでしょうか。

そのように私が話すと、彼女は「大変よくわかりました。指摘されるまでまったく気がつきませんでした。これからはそのことに十分気をつけて生きていこうと思います」と言いました。

彼女はこれから人の話をたくさん吸収するでしょう。次に会ったときには、明るく楽しくおおらかで、奥深い人になっているに違いありません。

「年齢×1万回」の「ありがとう」は
奇跡を起こします。
楽しみながら言い続けると、
楽しく面白い奇跡が起きるのです。

最近わかった法則があります。

それは「ありがとう」の回数が自分の「年齢×1万回」を超えたところから、いろんな面白いことや自分にとって楽しいこと、奇跡に思えることが起こりはじめるということです。

「ありがとう」をたくさん言うと自分の思いが叶うとか、目標が達成できる、ということを言っているのではありません。

「ありがとうの奇跡」というのは、何が来るかわからないけれども、とにかく楽しんで面白がって、ワクワクしながら待っていると、その人にとって楽しく面白いこと、幸せなことが次々に起こる、ということです。


それを実際に実行してくれた人が、何千人もいますが、その人たちからの報告で、またさらにいろんなことがわかってきました。

それは、達成目標に対する執着やこだわりが強ければ強いほど、「ありがとう」の回数をいくら重ねても、その実現はなかなか難しい、ということです。

事実として報告例をまとめてみると、そういう結論になります。

執着やこだわりが強く、その「思い」が強ければ強いほど、「ありがとう」をいくら言っても効果が少ないようなのです。


ちなみに、「年齢×1万回」という数は、40歳の人の場合は40万回ですが、20歳の人では20万回です。20歳の人が圧倒的に有利ではないか、ということになるのですが、必ずしもそうとは限りません。


なぜならば、20代の頃はなかなか「ありがとう」とは言わないからです。

40歳や50歳になって、はじめて自分以外のものに手を合わせることができる、あるいは自分以外の方々に「ありがとう」と感謝ができるようになるからです。

人間の精神構造というものは、そうなっているようですし、また宇宙の構造は大変公平にできているといえるのかもしれません。

「そうならなくていいけど、なったら嬉しい、楽しい、幸せ」

そう思うことが、宇宙とつながって奇跡を起こします。

先の項目で述べた「ありがとうの奇跡」のほかに、もうひとつ法則があります。

それは、「トイレ掃除をすると、臨時収入が入ってくる」というものです。

これも大変重要な宇宙の法則・方程式なので、ぜひ覚えておいてください。

ただこれも、「ある金額までどうしても達成したい」という思いが強ければ強いほど、効果は少なく、また現実にならないようです。

トイレ掃除にしても「ありがとうの奇跡」にしても、「そうならなくていいけど、なったら嬉しい、楽しい、幸せ」と思うことが、宇宙とつながることになるようなのです。

執着を強く持っている間は、宇宙とはなかなかつながりません。

宇宙の無限なる支援を得たいと思うのならば、執着を捨てること。「そうでなくてはならない」というこだわりや、とらわれを捨て、そこからいかに切り離されるかということがポイントであるようです。

「こうであらねばならない」「どうしてもこうしたい」「私はこうでなければならない。家族もこうでなければならない。社会も、宇宙もこうでなければならない」という「ねばならない」をたくさん持っている人を、私は「ねばねばした人」と呼んでいます。

「ねばねばした人」＝「粘着力の強い、執着の人」ということにほかなりません。

ねばねばと執着している人は、なかなか自由に気持ちよく上に伸びることができず、そのために天や宇宙と手を結ぶことができない、という構造になっているような気がします。

トイレや洗面所、流しがきれいな家は、
犯罪や事件に巻き込まれにくいようです。

ある警察関係者から、不思議な話を聞きました。

犯罪現場から帰ってきた鑑識課の人たちが、こんな話をはじめたそうです。その人たちは、私の話も私の存在も知らない人たちです。

「殺人現場や強盗の現場、空き巣に入られる所というのは、なぜそろいもそろって、トイレや流し、洗面所が汚いのだろう。きれいだった所は今までほとんどない」

というものでした。

この話を聞いたほかの人たちも、口をそろえて同じことを言ったそうです。

「そう言えば、あのときの現場もトイレと流しと洗面所がとても汚れていた」

「ああ、そう言えば、あのときの現場もすごかったよね」

「あの現場も汚れていたよね」

犯罪現場になる所は、トイレや流し、洗面所が汚れていることが多いということでした。

またある知り合いの話です。

その方が使っている事務所のビルに、空き巣が入ったそうです。その方の事務所を除いて、すべての部屋に空き巣が入ったということでした。

荒っぽい手口でガラスを割って侵入したというのですが、どの部屋も同じ構造ですから、その方の事務所も、もし狙われていれば同じ手口で被害に遭っていたわけです。ところが、その事務所だけは被害に遭いませんでした。

その事務所を使っているのは、私の話を何百時間と聞いてくださったご夫婦で、トイレは瞬間たりとも汚れていることはないのです。

またその事務所を訪れる人も私の話を聞いてくださっている方々なので、すべての人がトイレを使ったあとはピカピカに磨いて出てきます。ですから、この事務所のトイレはどんなときも汚れていることはないのでした。

そして、トイレをきれいに使っているように、流しも洗面所もとてもきれいだったのです。

トイレや流し、洗面所の状態は外から見えるものではありませんから、泥棒の目にも触れることはありません。

それなのに、汚れている所に入り、きれいにピカピカに磨いている所には入らない、入ることができないようなのです。

ここには見えない「何かの力」が存在しているのかもしれません。

なぜそうなるかはわかりませんが、トイレをピカピカに磨き、流しや洗面所もきれいにしている家は、犯罪者が踏み込みにくいものであるらしい、という宇宙法則が一つ出てきたのです。

犯罪に巻き込まれたくない、あるいは泥棒に入られたくないと思うならば、ただひたすら、トイレや流し、洗面所をきれいにすることに専念するのがいいようです。

第5章

楽しい生き方は、喜ばれる生き方

いい加減に生きる。
それが、自分にも他人にも
楽で優しくなれる生き方です。

年に一度、「小林正観と行く海外旅行」というのがあります。２００１年はペルー、２０００年は中国のシルクロード、１９９９年はアメリカのセドナに行きました。

これらの海外旅行には、バスで移動する時間があります。10泊11日くらいですと、バスに乗るための集合するのは50回くらいになります。

その50回の集合時間に、ことごとく遅れてきた人が１人だけいます。小林正観です。

旅行がはじまって２日目くらいに、年配の女性がこう言いました。

「このツアーは、バスの集合時間を守る人はほとんどいないのですね。時間にものすごくルーズな集まりだったのですね」

バスの後ろのほうでそれを聞いていた人たちがクスクスと笑っていました。年配の女性はどういう意味かわからないようだったので、私はこう説明しました。

「実は、今までの旅行でもそうだったのですが、バスの集合時間に私はすべて遅れて来ています。どこのツアーでも必ず毎回遅れます。ただ、遅れるのは８〜９分までで、10分以上になることは滅多にないようにしています」

「どうして常に遅れるのですか？」

その質問に、私は次のような説明をしました。

私は若い頃、すべてが正しくなければいけないと思っていました。ですから時間はもちろん、いろいろなルールを守ることに自分自身でとても厳しかった。

しかし、自分に厳しい人は、必ずといっていいほど他人に対しても厳しくなります。

そこで、他人に対して優しくあるためにはどうしたらいいかと一生懸命に考えたのです。

その結果、最善の方法は、自分が自分に甘くなることだと気がつきました。

自分自身がいい加減になってしまうことです。

もともと私はいい加減でろくなヤツではないわけですが、それをはっきり意識しながら、ろくでもない、いい加減になってしまうことなのです。

私はそういう結論に行き着きました。

自分に厳しい人は、他人にも厳しくなってしまいます。他人に甘く、優しくはなれ

ないのです。

自分に甘くなると、他人に対して厳しくなどできるわけがありません。そういう方法論を私は発見し、そのようにやってきたのでした。

私のツアーに参加したことがある人はわかると思いますが、すべての集合時間に遅れたからといって、飛行機に乗り遅れることはありませんし、大きな問題になったこともありませんでした。

5分や10分、20分遅れたところで、どうということはないのです。

しかも、私たちは「研修旅行」に行っているわけではありません。遊びのためのツアーです。みんなリラックスして楽しく心穏やかな時間を過ごしたくて参加しているのですから、5分や10分の時間に厳しくこだわる必要などないのです。

私がすべての集合時間に遅れてきたのは、そういう意味があったからです。

もし責任者である私がいつも集合時間の5分前、10分前にバスの席に座っていたとしましょう。

そうすると、参加者のすべての人が時間前に集合しなければならない、と思うようになるでしょう。そうなれば、旅そのものが息苦しくなってしまいます。

主催者であり責任者でもある私が、いつも集合時間に遅れてくると思えば、参加者はものすごく楽な気持ちになります。

実際、参加者のすべての人が「これほど楽で面白く、明るく開放的な気分になった旅はない」と言ってくれるような旅ばかりでした。

そういう意味で、私が集合時間にすべて遅れたということは、旅の雰囲気づくりに大きな貢献をしたと言ってよいかと思います。


さらに言うと、私はたしかに8〜9分はいつも遅れていましたが、私よりも遅れて来る人が常に存在していました。

そういう人に対して、私は腹を立てたりイライラしたりしたことはまったくありませんでした。

私自身がいつも時間に遅れているのですから、その人たちに対して厳しいことを言える立場にはないのです。

このように、自分に甘くしていると、決して人に厳しくすることはないということを私は学んだのでした。

自分に厳しい人は、人に厳しい。
自分に甘い人ほど、人に優しくできます。

前項の話をした講演会で、ある社長さんがこのような質問をされました。

「うちの会社は８時30分にはじまるのですが、私は毎朝７時に出勤して社内の掃除をしています。それに気づいた一部の社員と、今は一緒に毎朝掃除をしています。掃除はとても気分がよくなるはずなのに、社内の雰囲気は必ずしもそうではないのです。今のお話を伺うと、朝早く出て掃除などしないほうがいいということでしょうか」

「当たり前ではありませんか。私が社員だったら３日くらいで会社を辞めると思います」

そう私は言いました。

一緒に掃除をしている社員はきっと心地よいでしょうけれど、定刻どおりに出社してきた人は、朝の段階で、自分たちがハンディを背負わされているような状態になります。

その状態で、どんなに笑顔を見せろと言われても、一日中笑顔にはなれないのではないでしょうか。

逆に、７時から出てくる社員にとっては、社長に気に入られるかもしれないという、ある種の驕り、高ぶり、エリート意識のようなものがあるかもしれません。

ということは、この会社の社員は、お互いに温かい心で通い合うというような状況にはならないのではないでしょうか。

社長が7時に会社に行き、社員の誰にも気づかれずに8時に掃除を終え、出社時間まで喫茶店でコーヒーを飲んでいるということであればよかったのです。

しかし、社長が7時に出勤して掃除をしているところを社員が見て、その結果5、6人の社員が参加するようになった、というのは社内の状況としては望ましいものではないでしょう。

社長自身も、参加する社員はかわいいが、参加しない社員はかわいくない、というような心になっていたのではないでしょうか。

つまり、自分に厳しい人は、どうしても自分の部下に同じ厳しさを求めてしまうのです。

しかし、この社長さんの温かい心を私は感じたので、笑顔でこのように提案しました。

「明日から掃除は即刻やめてください。そうすれば社員の方々に笑顔が戻ると思いますよ」

あとで聞いて私は驚いたのですが、その社長さんは本当にその翌日から掃除をやめたのだそうです。社員にも「もう早出の掃除はやめよう。私もやらないし、みんなも来なくていいよ」と宣言したそうです。

およそ1ヵ月後、その社長さんは再び私の講演会にお見えになりました。そしてこのように話されました。

「社内の雰囲気が、今までとまったく違うものになりました。私はこの何十年間、怖い顔をして『笑顔になれ、温かい人になれ、客に対して柔らかい態度で接しなさい』と社員に対して言ってきたのですが、そうはなりませんでした。それが、朝の掃除をやめて厳しいことを要求しなくなり、私自身が柔らかくなったと思えるようになったあたりから、社員たちに笑顔が見えはじめました。私が自分に厳しかった分、社員に対してもとても厳しいことを要求し、厳しい見方をしていたのだと思います。自分はいい加減でろくでもない人間であると自覚ができたとき、社員に対して厳しいことを言わなくなりました。その結果、あれほど求めていた笑顔が社内にあふれるようになったのです」

そこまで踏み切れる社長さんはなかなかいないと思いますが、この実例は私たちに大きな勇気を与えてくれました。

自分に厳しい人は、常に他人にも厳しい。逆に、自分に甘い人は、他人に甘くせざるを得ないのです。

そういう方法論がわかったとき、人は自分に甘いほうが、人に優しくできるのかもしれません。

正しい教育ではなく、楽しい教育が、
子どもの行動を変え、心を豊かにさせます。

東京に大変荒れた小学校がありました。生徒の心はすさんで言動にも落ち着きがなく、それは都内で1、2位を争うほどの荒れ方だったそうです。

この学校には、たまたま心の勉強をしていた先生がおられました。

その先生は自分が楽しいと思うことをいろいろと研究していたのですが、「自分が楽しいことをやっていると心が豊かで穏やかになり、満たされていく」ということに気づき、その楽しさを生徒に伝えられたら、生徒も変わるのではないかと思いました。

そこで自分が研究してきた楽しいことを、授業の中に取り入れたのです。

たとえば、ケナフという植物があるのですが、それを生徒と校庭に植えて育てました。それを収穫して紙に漉《す》いて自分だけの葉書きをつくったのです。

このようなことをはじめたところ、生徒たちは生き生きとしてきたのです。

さらに、その先生は「ありがとう」を言っていると面白い現象が起きるということも取り入れました。

たとえば、炊きたてのご飯を2つの皿に盛り、一方に「ありがとう」を書いた紙を貼りつけ、一方に「ばかやろう」と書いた紙を貼りつけました。

毎日、それぞれに対して「ありがとう」と「ばかやろう」の声をかけると、「ありがとう」と声をかけたほうのご飯は発酵してお酒のような香りになり、「ばかやろう」と声をかけたほうのご飯はイヤな臭いを発する上に、見た目も醜悪なものになったのでした。

こういうことを生徒は自ら実験してみて、とても驚いてさらに目を輝かせたらしいのです。

そのうち先生も考えなかったような新しいアイディアが、生徒たちの中からいくつか生まれました。

たとえば、ある生徒は風船を2つ膨《ふく》らまし、一方に「ありがとう」と書き、一方に「ばかやろう」と書きました。その結果、「ありがとう」と書いたほうは3日間も風船がもったにもかかわらず、「ばかやろう」と書いたほうは20分でしぼんでしまったのです。何回か実験しても同じ結果が出たのだそうです。

これらは生徒たちが自分で考えてやったことで、そのアイディアにも驚かされましたし、結論にも驚かされました。

このように「ありがとう」の実践や実験を繰り返していったところ、2年ほどで、この学校はまったく見違えるほどいい学校になったというのです。

これには多くの教育関係者が目を見張りました。都内で1、2番を争うような荒れた学校だったのが、2年で心地よい学校になったのですから。

都内でもっとも安定している学校になったのではないか、とまで言う人が多く現れました。

実際に外部の人がこの学校を訪れると、生徒たちはニコニコし、「ありがとう」と言い合う穏やかでよい雰囲気だったそうです。

そしてついには地元のテレビ局から取材もされるようになったのです。

この事実が示しているように、「学校教育はどのように正しく行われるべきものか」とか「どのようにすれば子どもを正しく導くことができるか」と考えているうちは、

多分、答えは見つからないでしょう。

この学校で中心になって動いたその先生は、自分が面白いと思い、興味を持ったものを取り入れてみたのでした。

つまり、「いかに生徒を正しく導くか」という方法をやめて、「いかに楽しく生徒たちと接するか」という方法に切り替えたのです。

その結果、荒れていた学校を、穏やかで明るい学校につくり変えることができた、ということでした。

今、教育現場で悩んでいる先生が多いことと思いますが、「正しい教育方法」というものに考えを向ければ向けるほど、方向を見誤るような気がします。

本当に生徒たちを立ち直らせ、学校を明るく楽しいものにするためには、「いかに正しい教育をするか」ではなく、「いかに楽しい教育をするか」を考えるほうがよいのかもしれません。

目の前の現象を否定的にとらえるか、
肯定的にとらえるかは、「趣味」の問題。
どちらが楽しそうか、ということです。

およそ2ヵ月に1度、伊豆の伊東市で「合宿」と称して話をする会を開催していました。ある男性がはじめて参加された後、合宿から帰ってきたご主人の変わりように奥さんが大変驚いたというのです。

奥さんが言うには、眉間にしわを寄せて怒鳴り、イライラしていた夫だったのが、合宿から帰ってくると怒らなくなり、しかも眉間の縦じわも消えて、にこやかになったからでした。

その男性は、精神世界などについて勉強するのが大変好きだったので、それまでたくさんの話を聞いたり、セミナーを受けてはいたのですが、これまで変わることはなかったそうです。それがこの伊豆では違ったのでした。

これまでと大きく違ったのは、ほかにもありました。以前は「今日はこんな話だった」とそこで聞いた話を奥さんに伝えることが常だったのが、この合宿については何も語らなかったのです。

奥さんが聞いたそうです。

「今回はどんな会だったの？」

夫の答えは、

「うーん。説明するのは難しい。行ってみないとわからない」

というものでした。

「そんなことを言われても、少しは内容を教えてくれなければ行く気にもならない。一言で言うと、どんな集まりだったの」

とまた聞くと、夫は言いました。

「趣味……」

それからご主人はニコニコしながら、何を聞かれても「結局は趣味の問題なんだよね」と言い続けていたそうです。


奥さんは、この「趣味」という一言に大変興味を持ったのだそうです。

そして、次の合宿にはご夫婦そろって参加されました。奥さんは夫の「趣味」という一言の意味が知りたかったのです。

そして奥さんは私に聞きました。

「この趣味という言葉についてどうしても知りたいのです。いったいどういうことなのでしょうか。今まで夫は何を聞いても、どこへ行ってもほとんど変わりませんでした。でも、今回だけはかなり大きく変わりました。1ヵ月たってもそれは同様で、それどころか、ますます穏やかでにこやかな人になっていくではありませんか。そして、そのキーワードは『趣味』と言うのです」

「ああ、面白い受けとり方をしたのですね」と私は笑ってしまいました。

私が言った「趣味」というのはこういうことです。

目の前に存在する現象、自分の身に降りかかってくる現象について、それを否定的にとらえることも趣味であり、肯定的にとらえるのも趣味、感謝の心でとらえることも趣味でしかない、ということです。

たとえば、コップに水が半分入っていたとします。それを「半分しかないじゃないか」と否定的にとらえるのも趣味の問題です。

「半分もあって嬉しい、楽しい、幸せ」ととらえるのも趣味です。

そして「何者かが半分残してくださった。ありがたい」ととらえるのも趣味なのです。

事実は200cc入るコップに、半分の100ccの水が入っている、ということにすぎません。

それを「半分しかない」と思うのも趣味であり、「半分もあって嬉しい、楽しい、幸せ」と思うのも趣味であり、「何者かが残してくださった。ありがたい」と思うのも、結局は趣味の問題なのです。

そう私は説明しました。

今まで自分の目の前に起きる現象について、いちいち反応し、それを気に入らないと思い、それと戦い続け、なんとかしなければならないと思い続けてきたその男性が、「売り上げが上がらなくても、それはそれでよし。それは自分のためになっているかもしれないし、次に起こるステップを示してくれているのだろう」というように笑顔でとらえられるようになったというのです。

その結果、1ヵ月以上たってもまったく元に戻らないばかりか、どんどん柔らかさが増していったのでした。

その奥さんも合宿に参加されて、肯定的に生きることや感謝の心で生きること、そういう「趣味の世界」で生きるほうがどうも楽そうだ、ということを自ら学んだようでした。

私たちの目の前に起きる現象は、
すべて中立です。

ある方から、「この世は修行の場という話を人から聞いたのですが、この世では我慢や忍耐をして生きていかなければならないのですか」という質問を受けました。

宇宙的な事実としては、この世は「修行の場」というように設定されてはいないようです。

私たちの目の前に起きる現象は、すべてゼロ（中立）なのではないでしょうか。

前項でも述べたように、現象というものは、自分のとらえ方によってどのように見えるかが変わってきます。ということは、すべてゼロ、つまりニュートラルなのです。

物事をとらえる力を「認識力」という言葉で言い表すとすると、認識力が上がってくるにしたがって3つの段階を踏むように思います。

第1段階は「この世が修行の場である」という認識です。

目の前の現象の一つひとつが「私」を修行させるために存在しているという考えです。

そうやって問題を乗り越えたり、気持ちが楽になったり、生きるのが楽になったりするのであれば、そのようにとらえても構わないと思います。ただ、この世は「修行の場」として設定してあるわけではありません。

第2段階は、同じ現象を目の前にしたとき、「この世は喜びの場なのではないか」というとらえ方です。

とらえ方によって、認識力は100点満点中、66点か67点までいったと言っていいと思います。

第3段階は、「この世は修行の場でもなく、喜びや幸せの場でもなく、実は感謝の場である」と気づけることです。

それができたら100点満点の99点、あるいは100点満点です。

たとえば、自分の会社が倒産し、職を失ったとします。その場合に、「自分はこの状況に耐えて我慢し続けることで人生の修行をしている。ここで耐えなければ意味がないではないか」と考える人もいます。

しかし、そのように考えている間は、その現象は自分にとってつらいものでしかありません。

認識力が第2段階に上がると、「もしかすると、この現象は私にとっての喜びなのではないか」と考えることができます。

意志の強い人は倒産する前に会社を辞めることもできますが、心優しい人ほど、自分の会社と縁を切って辞めていくことができません。

「あなたは本来、今の会社で仕事をしている場合ではないのですよ」という宇宙の意思がある場合、生まれる前にそのように自分でシナリオを書いて、会社を辞めざるを得ないような状況を設定しています。

それが見えてきたとき、「ああ、私はこの会社を辞めて別の仕事をすることになっていたのだな」と思うことができます。そして違う職に就《つ》いて「今の仕事のほうが自分にとってはとても嬉しく、楽しく、幸せなことだ」と思うことができます。

そして、第3段階では、会社が倒産して職を失い、天命・天職というものに出会うことができた場合、「もし、あのまま会社が存続していたならば、心優しい自分は決して今の仕事をはじめることがなかったであろう」と思えるようになったとき、世の中が「感謝の場」に変わります。

「会社が倒産して職を失う」という現象はまったく同じです。

その現象を、第1段階では「修行の場」としてとらえ、第2段階では「喜びの場」ととらえ、そして第3段階では「感謝の場」ととらえます。

何度も言いますが、「感謝の場ととらえなさい」あるいは「感謝の場だととらえるべきだ」と言っているのではありません。この世を「忍耐の場」だと考えることで楽になり、楽しく生きられるならば、それでよいのです。

しかし、「修行の場」だと思うよりも「喜びの場」だと思うことが、より楽しく楽に生きられるのならば、そのように認識をすればよい。

さらに、「実はこの世は感謝ばかりではないか」ととらえることで自分が楽になるのであれば、そのようにとらえてもよいと思います。

現象は「ゼロ」。色はついていません。それについて「修行の場」だととらえることも「喜びの場」だととらえることも、「感謝の場」だととらえることも自由です。

自由とは「自らに由《よ》る」と書きます。

自分のとらえ方、認識力によって目の前の現象が変わるのです。

人に喜んでもらうために生きる。
それが謙虚に生きるということです。

２００2年の正月、たまたま縁があって、岡山県倉敷市にある円通寺を訪れることになりました。円通寺は新幹線の新倉敷駅から３㎞ほどの所にある曹洞宗のお寺で、良寛さんが十数年間、ここで修行をしたということで有名です。

良寛和尚がこの寺にいたとき、兄弟子に仙桂《せんけい》和尚という方がおられたそうです。詳しい記録は残っていないのですが、良寛和尚にとって大変に印象的な人物だったようです。

仙桂和尚は30年の間、良寛さんの師匠でもある国仙《こくせん》和尚のもとにいて修行をしていました。ただ一度もお経を読んだことがなく、檀家の人たちに仏法上のお説教をしたこともないという珍しい僧侶でした。

この仙桂和尚は来る日も来る日も野菜をつくり続け、それを村人たちに配って歩いていたのです。それだけをやり続けた僧侶でした。

師匠である国仙和尚は、仙桂さんに対し、「もっと違う行いをしなさい」と言うようなこともなく、温かい目で見守っていたようです。

良寛和尚は、この仙桂和尚の生き方にかなり影響を受けたらしいのです。

のちに仙桂和尚のことを書いた記述の中で、「この仙桂和尚こそ、真の道者である」と良寛さんは書き記しています。ただ、「自分は仙桂和尚とともに過ごしているときに、この人のすごさ、深さがわからなかった。未熟だった」ということも言っているのです。

のちに生まれ故郷の出雲崎に帰った良寛さんは、頼まれれば南無阿弥陀仏の念仏も、南無妙法蓮華経の題目も唱えるという、自在な生き方をした僧侶でした。

良寛さんが学んだ円通寺は曹洞宗（禅宗）のお寺です。浄土宗の念仏である南無阿弥陀仏、日蓮宗のお題目である南無妙法蓮華経は、本来禅宗とは合致しません。しかし、良寛さんにとって、そのようなことはどうでもよいことでした。

お経をまったくあげないことも、仏教上の説話や説法をしないことも多々ありました。

このような良寛さんにとって、精神的な師匠というのは、もしかしたら兄弟子である仙桂和尚であったかもしれません。

良寛さんの目に映った仙桂和尚とは、「実践の人」であったということにほかなりません。ただただ実践の日々であった。

穏やかな人柄で、自分が人の上に立って何か立派なことを言うのではなく、へりくだって、行として野菜をつくり続けている人でした。否、「行として」ということさえも自覚はしていなかったかもしれません。

自分の生きざまは、ただひたすら野菜をつくり続けることであり、それを村人たちに喜んで食べてもらうことである、というように思い定めていたとしか思えないのです。

現在、この円通寺の住職をしておられるのは、仁保《にほ》和尚という方です。

お寺を訪れたとき、あまりに笑顔が素晴らしいので、私は魅了されました。良寛和尚もこのような優しい笑顔の持ち主であったのかもしれないと思いました。

以前、仁保和尚のもとに、自分の子どもが不登校だから直してもらえないかという相談を持ち込んだ人がいたそうです。

仁保和尚はこのように答えました。

「私にはそれを解決する力はありません。ただ、毎日早朝に座禅を組んでいるので、それに参加して、何か一緒に考えることは構いませんよ」

そのお父さんは不登校の子どもを連れて、毎日車で通いました。

そして半年もたったときに、そのお父さんからこのような話を聞いたそうです。

「毎日送り迎えで2時間ほど車に乗っているうちに、息子とたくさんの話をするようになりました。その結果、不登校の問題が解決し、息子は明るい子どもになりました。大変ありがとうございました」

「私には力がないから、そのようなことはできません」と言った仁保和尚の謙虚さ、温かさというものは、どうも仙桂和尚や良寛さんとともに円通寺に受け継がれている思想なのかもしれません。

落ち込む人も、有頂天になる人も、
自分を「大したものだ」と思っている人です。
それは驕り、高ぶり、うぬぼれ、傲慢に
ほかなりません。

ある人からこんな質問をされました。

「落ち込んだと思ったら有頂天になったり、有頂天になったあとにはまた落ち込みが待っている。この気分の起伏《きふく》というものをなんとかできないものでしょうか」

よくありそうな質問ですが、解決策は簡単です。


落ち込むのは、自分が「大したものだ」と思っているのに、さほどの評価を得られなかったからです。

有頂天になるのは、自分が「大したものだ」と思っているところに「大したものだ」「素晴らしい」という賞賛を浴びるからです。


つまり、落ち込むのも、舞い上がって有頂天になるのも、すべて同じ心の状態から来ています。

それは自分が「大したものである」「ちゃんとしたものである」「なかなかのものである」と思う心から来ていることにほかなりません。

自分が「大したものじゃない」「ろくなものじゃない」「ちゃんとしたものじゃない」と思い定めることができたら、とても楽に生きることができます。

ちゃんとした人、いろんなことがきちんと全部できる人を、多分「正しい人」と言うのだと思いますが、もともと人間はそんなに正しく生きるようにはできていないように思います。

不完全で不充分で未熟。やることなすこと完全にはできず、ミスばかり。そういうものが積み重なって、人間があるのだと思います。

「大したものじゃない」「ろくなものじゃない」「ちゃんとしたものじゃない」と思うことができたら、非難されても否定的なことを言われても落ち込むことがなくなるでしょう。

「大したものじゃないね」と言われても「たしかにそうです」と笑顔で答えられるわけです。

褒められたりしても、「大したものじゃない」と自分ではっきり自覚していれば、舞い上がることもないわけです。

自分が「大したものじゃない」「ろくなものじゃない」と思えることが、実は謙虚さということにつながっています。

すべて周りの力、つまり目に見える4者（友人、知人、家族、自分の体）と、目に見えない4者（神、仏、守護霊、精霊《せいれい》）の力によるものだということがはっきりとわかっていたら、何かができても自分の力でできたわけではないということに気がつくわけです。

ですから、自分のことを「大したものじゃない」「ろくなものじゃない」と思い定めることができれば、それが謙虚さということであり、同時に感謝の気持ちをいつも持っていることになります。

落ち込む人、また有頂天になる人というのは、すべて「自分の力がなかなかのものである」と思っていることにほかなりません。

もしかすると、その心は驕り、高ぶり、うぬぼれ、傲慢というものに近いものかもしれません。

本当に謙虚になると、落ち込むことも有頂天になることもなくなるような気がします。

競わない、比べない、争わない。
そこから「幸せ」を感じることができます。

「き・く・あ」という言葉は聞きなれないものだと思います。私がつくった造語ですから、一般的には知られていないでしょう。

「き・く・あ」とは、「競わない・比べない・争わない」の頭文字をとったものです。「幸せ」というものを追い続けていった結果、私の中でわかったことがあります。それは、すべての人が指をさして「これが幸せだ」と言える現象は地球上にも、宇宙にも存在しない、ということでした。

「幸せ」というのは、その人が「幸せだ」と思ったら、その人にのみ存在する、というのが私が到達した宇宙的な結論なのです。

「幸せ」は「感じるもの」であるならば、なぜみんなはそれを感じることができないのでしょうか。

「幸せ」の構造は大変簡単であるにもかかわらず、多くの人が「幸せ」を手に入れているとは思えません。それはなぜか。

私たちは「競うこと」「比べること」「争うこと」を前提として生きることを教え込まれてしまったからです。

人と競うこと、比べること、争うことで人より抜きんでて、はじめて「えらい」とか「立派だ」とか「素晴らしい」と評価をされる……。そういう価値観で生きる日々を送ってきました。

もともと学校教育がそうでした。「相対評価」というものでクラスの中の上位数%にいる人を「5」、下位数%にいる人を「1」とランクづけし、そのランクの競い合いの中で、人材を育成するという教育方法を日本はしてきたのです。

その結果、私たちは「幸せとは、競うこと・比べること・争うことではじめて手に入るのだ。人より抜きんでて、勝ち続けることが、幸せを手に入れる唯一の道である」と信じ込まされてきました。

「優勝」という言葉は、実は「優勝劣敗」という四字熟語の上の2文字です。

「優勝劣敗」とは、つまり「優れたものは勝ち、劣ったものは負ける」という思想です。あまり楽しい言葉ではありません。

このような価値観から、そろそろ抜け出してよい時期に来ているのではないでしょうか。

これからは「競うこと」「比べること」「争うこと」に価値を得るのではなく、「競わないこと」「比べないこと」「争わないこと」という価値観を持つことはできないものでしょうか。

自分の生活の中で「他人と比べない」「世間と比べない」ということが身についたら、生きることがどれほど楽になるかわかりません。

ウサギとカメが気づいたこと――。
競争するよりも、
みんなで一緒のほうが、ずっと楽しい！

もしもしカメよカメさんよ
世界のうちでおまえほど
歩みののろいものはない
どうしてそんなにのろいのか

という歌詞ではじまるウサギとカメの物語があります。
カメはこう答えました。

なんとおっしゃるウサギさん
そんならおまえと駆けくらべ
むこうのお山のふもとまで
どちらが先にかけ着くか

ウサギはこう考えます。

どんなにカメが急いでも
どうせ晩までかかるだろう
ここらでちょっとひと眠り
グー　グー　グー
グー　グー　グー

そしてウサギさんは寝込んでしまうのです。
その結果……。

これは寝すぎた　しくじった
ピヨン　ピヨン　ピヨン　ピヨン
ピヨン　ピヨン　ピヨン

と追いかけて行ったのですが、すでにカメさんはゴールインしていました。

あんまり遅いウサギさん
さっきの自慢はどうしたの

と言って、カメはニッコリ笑いました。

——

これがウサギとカメの物語です。ここまではよく知られた話ですが、ここから先は私の創作話をしましょう。

さて、月曜日にその競走をしてウサギさんは負けてしまいましたが「火曜日にもう1度競走をし直そう」と提案します。

カメさんは「ああ、いいよ」と言って、火曜日にまた同じスタートラインに立つことになりました。

「よーい、ドン」のかけ声とともに、ウサギさんは「今度は絶対に寝ないぞ」と決意して、ピョン、ピョン、ピョン、ピョン、ピョン、ピョン、ピョン――。

今度は寝ないで、まさにあっという間にゴールインしてしまいました。

カメはゆっくりと、でも一生懸命走り、ウサギさんのゴールから何時間もたってやっとゴールインしました。

ウサギさんは「どんなもんだ。まともに走ればやっぱり俺のほうが速いだろう」と自慢します。

カメさんは頭をかきながら、少しガッカリした様子で「やっぱりウサギさんにはかなわないね」と微笑みました。

この物語はこれで終わるのではありません。

今度は、負けたカメさんがこういう提案をするのです。

「明日、もう1回走らないか」

絶対に負けないという自信を取り戻したウサギさんは、

「いいよ。何回でも何十回でも挑戦を受けてやる」

と言って、水曜日に3回目の競走にのぞむことになりました。

水曜日。「よーい、ドン」でウサギさんとカメさんはスタートしました。

気を抜かずに走ったウサギさんは、やはりあっという間にゴールインしました。

カメさんはそれから何時間もかかって、やっとゴールインしました。

ところが、昨日は少しガッカリしたような顔をしていたカメさんが、なぜかとても嬉しそうに、楽しそうにゴールインするではありませんか。

何時間も待ちくたびれていたウサギさんでしたが、カメさんのこの上機嫌な顔を見てとても不思議に思いました。

そして聞くのです。

「なんで君は昨日に比べてそんなに楽しそうな顔をしているんだ」

カメさんは答えます。

「いやあ、昨日走った時間よりも、今日のほうがずっと速く走ることができたんだ。

最高記録を更新したんだ」

ウサギさんはこの言葉に衝撃を受けました。

そして、ウサギさんは「明日の木曜日、もう1回走ろう」と提案するのです。

カメさんは快《こころよ》く引き受け、4回目の競走が木曜日に行われることになりました。

「よーい、ドン」

ウサギさんは、またひたすら走り続けてゴールインしました。

カメさんのゴールインはまだまだ時間がかかりそうでしたが、ウサギさんはニコニコしてゴールの所で待っていました。

カメさんは汗をかきながら（カメが汗をかくかどうかわかりませんが）たどり着くと、ウサギさんはニコニコしていて上機嫌な様子です。

カメさんが聞きました。

「今日はずいぶん機嫌がいいね。なんでそんなに楽しそうなんだい」

ウサギさんはこう答えました。

「うん、昨日君に教えてもらったように、今日ぼくは一生懸命走って、自己記録を更新したのさ。今まででいちばん速く走ることができた」

「ああ、それはよかったね」

この日はウサギさんもカメさんも、いい笑顔で終えることができました。

ところが、カメさんは「明日も走らないか」と提案するのです。

ウサギさんは「きっとカメさんは何か考えているのだろう」と快く承諾し、またまた金曜日にウサギさんとカメさんは走ることになりました。

金曜日。スタートラインに立とうとしたウサギさんは目を見張りました。

カメさんが仲間をたくさん連れて、スタートラインに並んでいたのです。

「みんなで楽しく走ろうと思ってね。ウサギさんといくら争っても勝てるわけはないから、ぼくは仲間と走ろうと思ったんだ」

とカメさんは言いました。

「ああ、それは面白い考えだ」とウサギさんは思いました。

ウサギさんはやっぱり全力疾走をして先にゴールしたのですが、1人で先に待っているウサギさんは、少し寂しくなってきました。

それから何時間もたって、たくさんのカメさんたちがぞろぞろとゴールインしてきました。みんなで笑顔でおしゃべりをしながら、とても楽しそうに、ゆっくりゆっくりと。

同じ競走でも、こんなに楽しい競走があるのか。仲間と走ったら楽しいのか――。

ウサギさんはそう思って、今度はカメさんにこう提案します。

「明日も、もう1回走ってくれないかい」

カメさんはもちろん「いいよ」と答えました。

そして土曜日。6回目の競争になります。

なんとこの日は、ウサギさんも仲間をたくさん連れてきました。カメさんも仲間をたくさん連れてきたので、2つのグループが楽しみながら走ることになりました。

ウサギさんたちは全力疾走するのではなく、みんなで談笑しながら走り、まるでジョギングのようです。

もちろんカメさんたちも楽しく話をしながら、周りの景色を見たり、お弁当を食べたりしながら、ゆっくり走り続けたのでした。

土曜日の夕方、レースが終わってウサギさんとカメさんはこう言うのです。

「明日の日曜日、もう1回みんなで集まらないか」

「うん、ぼくもそう考えていたところだ。明日もう1度集まろう」

日曜日がやってきました。いよいよ7回目です。

朝、顔を合わせたウサギさんとカメさんは、同じことを言い出しました。

「よく考えてみたら、競い合って、比べ合って、争い合って走り続けるのって、意味がないね。ウサギさんはウサギさん同士で、カメさんはカメさん同士で楽しく走っていたけれども、みんなが集まって楽しい時間を過ごすためには、なにも競走をしなくてもいいような気がする。みんなでお弁当を食べたり、景色を楽しんだり、咲いている花を愛《め》でて、楽しい会話をし、助け合いながら走ろうよ。みんなで一緒のほうがとても楽しいのではないかな」

ウサギさんとカメさんは、そういうことに気がついたのでした。

「ぼくたちは、最初に競争して走らなければ、このことに気づかなかったかもしれない。でも、毎日競争しているうちに、こんな簡単なことに気がついたのだね」

そして、ウサギさんとカメさんはニッコリと笑い、お互いに固くがっちりと握手をして別れたのでした。

ウサギとカメの新しい物語が、これからはじまるのです。

生きる目的や、
生きる方向を自分に課すのはやめる。
正しい生き方より、楽しい生き方のほうが、
楽で楽しいのです。

私たちは、「こうでなければいけない」とか「こうあるべきだ」というものをたくさん抱えているような気がします。

よく考えてみましょう。

その価値観はいったい誰が決めたのでしょうか。それを誰が正しいと決めたのでしょうか。

「私たちはこうあるべきですよね」というように質問されることが多いのですが、私は「誰がそれを決めたのですか」と、逆に質問することがよくあります。

「べきだ」とか「ねばならない」という「何が正しいのか」という考えにがんじがらめになるのをやめ、「自分にとって何が楽しいのか」ということを考えてみたらどうかと思います。

さらに、「自分が何をしたいのか、どうなりたいのか」を考えなければいけないという価値観からも、少し離れてみるとよいのかもしれません。

今まで私たちは、「夢を持ちなさい」「希望を持ちなさい」と言われ、夢や希望を持つことが重要で、それらを追い求めるのが人生である、と教え込まれてきました。

しかし、夢や希望がたくさんあるということは、言葉を換えて言うと、足りないものがたくさんあり、「あれもほしい、これもほしい」、「あれも足りない、これも足りない」と言っているように思えます。


そのように「自分の目的や生きる方向を自分に課す」ということはやめて、「自分が動く羽目になったら動く」「やる羽目になったらやる」というような自由な立場で生きていくというのはどうでしょうか。


水には形がありません。

水は私たちに「人間の本当のありよう」を教えてくれているような気がします。

水は四角い器に入ると四角い形になり、丸い器に入れば丸くなります。川にあれば川の形になり、湖にあれば湖になります。

ゆっくり流れているときもあれば、激しく流れているときもあります。さらに、滝のように上から激しく落ちている場合もあります。

海に至れば、風のない日は穏やかに凪《な》いでいますが、ひとたび荒れ狂えば岸を壊し、建造物さえも壊してしまいます。車をのみ込んでしまうということも珍しくはありません。見事に変化するのです。

水は形がなく、いかようにも変化するというだけでなく、さらにもうひとつ、変幻自在な顔を持っています。


それは、通常は液体で存在していますが、温度が高まることによって目には見えない気体になります。さらに、温度が下がっていくと固体、つまり氷になります。次元を変えて変幻自在に姿を変えるのです。

水は、自らを主張する形を持っていません。

与えられた環境に合わせて形を変える。それについて不平不満・愚痴・泣き言・悪口・文句を言うことはいっさいありません。ただそのように従っていくのです。

しかし、水は周りの状況に従っていながら、決してそれらに従属しているわけではありません。

ただ自分の変幻自在を楽しんでいるように見えます。

先の話に戻りますが、「何が正しいのか」「何が間違っているのか」ということを突きつめるのではなく、「自分にとってどういう生き方が楽しいのか」を考えていくのが、もっとも楽な生き方ではないでしょうか。

罪を犯したり、自分が居心地悪くなるような投げかけをすれば、結局はもっともイヤな思いをするのは自分なのです。

正しい生き方を求めて、自分の周りの人とトラブルを起こしたり、けんかをしたり、争いごとをするよりも、笑顔で生きていくことを模索するならば、答えは結局ひとつになるのです。

「正しさ」を追い求めるよりは「楽しさ」を追い求める人生のほうが楽で楽しい。

「正しさ」を求めることで怒りや憎しみを感じるような人生を送ってきたのであれば、もう一歩進んで、新しい世界に足を踏み出してはどうかと思います。

「正しい生き方」から「楽しい生き方」へ。

「正しい人」から「楽しい人」へ、なのです。

あとがき

この本は、もしかすると多くの人に誤解をされるかもしれません。
「正しく生きなくていいのか」「人間は正しく生きるべきではないのか」と考えている人たちにとっては、「正しく生きるよりも、楽しさを優先して考えたらどうですか」という本は我慢のならないものかもしれません。

そのように誤解されても構いませんが、この本を書いた理由というのは、精神世界や人格上の勉強をかなりしている人が、最後の最後まで乗り越えられない「怒り」と「憎しみ」が、「正義感」と「使命感」から生まれ出てくるものである、ということに私が気づいたからでした。

もしかすると、最後に残った「怒り」や「憎しみ」は、人間の良心や良識というものをたくみに手玉に取った悪魔のしわざなのかもしれない、と思うのです。

ですから、あえて誤解をされても構わないという気持ちで、それなりの覚悟を定めてこの本を書きました。

特に、親にとっては「ちゃんと生きなくてはいけない」と教育したいであろう中学生、高校生くらいの人に読ませたとすると、逆に理論武装されてしまい、親のほうは立ち往生するということにもなりかねません。

しかし、本当に厳しく育てなくてはいけないのだろうか、という点で立ち止まって考える価値があるように思います。


この本を読んで、1つでも2つでも怒りや憎しみというものが減ってくれたら、と思います。

だからと言って、「世の中から少しも怒りや憎しみが減らないではないか、私がいくら本を書いて訴えても、みなさんの中から怒りや憎しみがなくならないではないか」ということで私が腹を立てることはありません。

こういう提案はしましたが、私は私の「楽しさ」という物差しを基本に据えながら、楽しく生きていこう、と決意しています。

終わりまで読んでくださり、ありがとうございました。

みなさんのご多幸をお祈りしています。

小林正観

本書は弘園社刊『ただしい人から、たのしい人へ　もう一歩奥の人格論』(２００２年)を改題、編集し直したものです。

小林正観（こばやし せいかん）

1948年東京生まれ。中央大学法学部卒業。作家。学生時代より人間の潜在能力や超常現象に興味を持ち、心学などの研究を続ける。その一方で、講演は年300回以上の依頼があり、全国を回る生活を続けてきた。

おもな著書に『無敵の生き方』『「今」という生き方』『22世紀への伝言』（小社）など多数。

2011年10月逝去。

現在、正観塾師範代、高島亮さんによる「正観塾」をはじめ、茶話会、読書会、合宿など全国各地で、正観さんの仲間と楽しく過ごす笑顔あふれる集まりがあります。詳しくは株式会社SKPまでご連絡ください。

電話：045-412-1685
ホームページ：http://www.skp358.com

付録のシールの使い方

巻末についている付録の「ありがとうシール」は、机や手帳などいつも見られるところや、ペットボトルなどにも貼ってご利用ください。毎日を楽しく過ごすための一助となれば幸いです。

ただしい人から、たのしい人へ

そして「ありがとうの人」になる

2017年4月 8日 第1版第1刷
2022年4月15日 第1版第6刷

著 者 小林正観

発行者 伊藤岳人
発行所 株式会社廣済堂出版
〒101-0052
東京都千代田区神田小川町2-3-13 M&Cビル7F
電話 03-6703-0964（編集）
03-6703-0962（販売）
Fax 03-6703-0963（販売）
振替 00180-0-164137
URL http://www.kosaido-pub.co.jp

印刷・製本 三松堂株式会社

カバーイラスト 楠木雪野
ブックデザイン・DTP 清原一隆（KIYO DESIGN）

ISBN978-4-331-52092-5 C0095